GOLDMANN
Lesen erleben

Buch

Könnte es sein, dass wir in unserer Verstandes- und Wissenskultur den Sensor für die Erfahrung der Ganzheit verkümmern
ließen? Könnte es sein, dass wir unseren Zugang zur Weisheit des
Seins, also zu unserer Innerlichkeit, unserer individuellen Spiritualität verloren haben? Nina Ruge geht diesen Fragen nach,
denn die Zeit reif ist reif für ein neues Bewusstsein, eines, das
die Ratio des 21. Jahrhunderts und eine moderne Spiritualität
vereint. Selbsterkenntnis und Selbstführung zeigen den Weg zu
einem Leben in innerer Stärke.

Autorin

Nina Ruge studierte zunächst Biologie und Germanistik, ehe sie
1987 zu moderieren begann. Zwischen 1989 und 2007 moderierte sie für das ZDF verschiedene Magazine wie *heute Nacht* und
Leute heute und war viele Jahre Co-Moderatorin beim *heute journal*. Nina Ruge ist erfolgreiche Buchautorin, moderiert Kongresse
und Podiumsdiskussionen zu Technologie-, Wissenschafts- und fi-
nanzpolitischen Themen und ist deutsche UNICEF-Botschafterin.

INHALT

Ich lebe ein Doppelleben. Von früher Jugend an – bis heute. Ein Leben im Außen und eines im Innen. Das ist natürlich nichts Ungewöhnliches. Für eine Journalistin wie mich schien dieses Geständnis dann aber doch einige Fragezeichen zu provozieren. Dieser Beruf erfordert die nüchterne Fertigkeit des Recherchierens, des Fakten Prüfens, des kritischen Analysierens und unbestechlichen Einordnens. Das bedeutet lebenslanger professioneller Umgang mit Information. Das bedeutet eine besondere Herausforderung in Zeiten von »fake news«, die aus den sozialen Medien sprudeln. Das höchste der akzeptierten Journalisten-Gefühle ist somit die Intuition. Die wird dann aber bitte anschließend nüchtern abgeprüft. Wo – um Himmels Willen – soll da Raum sein für eine »lebenslange Reise nach Innen«?

In meinem Buch *Der unbesiegbare Sommer in uns* habe ich meine innere Entwicklung beschrieben: die Sinnsuche, den Erkenntnisgewinn, meine wachsende Lust an Selbstführung, Vertiefung des Lebens, an souveräner Spiritualität im Tun. Mein inneres Ziel: ein neues Bewusstsein zu entwickeln, eine neue, moderne Ebene von bewusstem Tun. Mit dieser Thematik bot ich ordentlich Angriffsfläche – und ich hatte durchaus mit Gegenwind gerechnet.

Doch der erhob sich nicht – von einigen wenigen Ausnahmen abgesehen. Die überwiegende Resonanz auf die Beschreibung meines Doppellebens mitsamt den dazu gehörenden Erkenntnisprozessen war überraschend positiv. Ich war mehr als erstaunt, dass gerade von Menschen, die ich zur Speerspitze der Verstandesgetriebenheit zähle, so viel herzliche Offenheit, so viel Interesse kam: von Menschen des »big business« bis hin etwa zu Sparkassenangestellten oder Hausverwaltungsunternehmen. Mit meinen Vorträgen zum Buch war und bin ich ja in allen Berufsgruppen unterwegs.

Die Zeit ist reif, könnte das sein? Reif für ein neues Bewusstsein – eines nämlich, das die Ratio des 21. Jahrhunderts und moderne Spiritualität vereint – hin zu einer »spirituellen Intelligenz«?

Gut, sagte ich mir. Dann mache ich weiter. Vom Erkennen über das Wollen zum Tun. Wenn ich mein Leben und Erleben verändern möchte, dann braucht es zunächst den klaren Blick auf das, was mich an meiner ersehnten Selbstentwicklung hindert.

Da war zunächst dieser allgegenwärtige Blockierer, und er war Anstoß und Motivation für dieses Buch – nämlich das, was ich als *Ich-Reflex* bezeichnen möchte. Jeder von uns kennt ihn, und jeder dürfte ihn als Störenfried erleben. Ein wunderbar treffendes Bild: Er stört unseren Frieden!

Wer die aktuelle Literatur zum Thema »Ego« oder »Narzissmus« als gesellschaftlichen Trend studiert, dem wird ziemlich klamm ums Herz. Wie kommt es, dass heute eine geradezu frühkindliche Sucht nach Anerkennung und eine Wucht an Rechthaberei unter ausgewachsenen Menschen grassiert, dass einem schwindelig wird? Eitelkeit, Ich-Fixierung, Ego 4.0 – wo wir auch hinschauen. Wirkt Social Media als Turbo fürs Ego, fördert unsere

Arbeitswelt das Rasierklingen-Denken, können wir in der Massengesellschaft nur noch bestehen, wenn wir Pfauenräder unserer Grandiosität rotieren lassen? Leben wir im Zeitalter des Narzissmus – dominiert uns bald die »Generation Ich«?

Das sind spannende Fragen, die lassen sich reißerisch diskutieren, und auflagenträchtig sind sie auch. Aber es sind nicht die meinen. Mein Anliegen ist nicht die sozialpolitische Gesellschaftsanalyse. Mein Thema ist Selbsterkenntnis, um aus ihr heraus die hohe Kunst der Selbstführung zu erlernen – ja, wohin? In ein neues Bewusstsein, in eine befreiende Haltung zum Leben und zum Tod. Sich selbst auf die Spur kommen, sich dem Gespinst der eigenen Bedeutsamkeit nähern. Wieviel Raum nimmt sie ein, wie steuert sie heimlich Wahrnehmung und Denken? In die Schattenwelt des *Ich-Reflexes* eintauchen: Was könnte sein Nährboden sein?

Könnte es sein, dass wir in unserer Verstandes- und Wissenskultur den Sensor für die Erfahrung der Ganzheit verkümmern ließen? Könnte es sein, dass wir den Zugang zur Weisheit des Seins, also zu unserer Innerlichkeit, unserer individuellen Spiritualität, verloren haben? Könnte es deshalb sein, dass wir die größte Chance der menschlichen Evolution verpassen, und die heißt »Liebe«?

Und könnte es deshalb sein, dass wir den Schmerz des elementaren, des radikalen Mangels betäuben, mit der Droge des *Ich-Reflexes* in all seinen Spielarten wie Macht, Ruhm, Besitz, Dominanz, Bedeutsamkeit?

Könnte es sein, dass diese Droge dann doch irgendwann an Betäubungspotenzial verliert? Und dann packt uns der Schmerz der Halbheit, der Verlorenheit, der Schmerz des ungelebten Lebens? Was bedeuten würde, das Wesentliche verpasst zu haben – die Tiefe, die Liebe, ja, die Heiligkeit des Lebens ...

Spätestens dann ist es Zeit aufzuwachen. Und diese Zeit ist jetzt. Erkennen, erfühlen, ein inneres Ziel entwickeln, ein neues Bewusstsein trainieren: Das ist das Glück der Befreiung.

1

DER UNSTILLBARE HUNGER
NACH ANERKENNUNG

....

Man muss nicht unbedingt das Licht des anderen
ausblasen, um das eigene Licht leuchten zu lassen.
(PHIL BOSMANS)

....

Meine Freundin Simone und ich stehen am Herd in der
Küche, um unser Abendessen aufzuwärmen. Ich habe
gerade zwei Gasflammen entzündet, um zwei Pfannen
darauf zu stellen. Simone platziert die Pfanne mit den
Artischocken auf der größeren Flamme von beiden. Ich
sage: »Nimm lieber die andere Flamme. Die hier ist zu
stark, da brennen die Artischocken ganz schnell an.«
Simone verfrachtet die Pfanne wortlos auf die kleinere
Flamme und zischt: »Noch nicht mal das kann man dir
recht machen!«

In mir explodiert eine emotionale Handgranate. *Was* erzählt sie mir da? Sie unterstellt mir, ich würde ständig an
ihr herumkritteln? Würde immer im Recht sein wollen?
Wie kommt die nur dazu? Wo ich ihr doch ständig so
freundschaftlich zur Seite stehe, und heute Abend habe
ich sie wieder mal so nett eingeladen! Der könnte ich
glatt die Artischocken an den Kopf hauen …

Moment. Stopp. Durchatmen. Wer oder was explodiert
da gerade in mir? Bin *ich* das? Es fühlt sich sehr bekannt

an, aber das muss nichts heißen. Schließlich trainiere ich mich schon ein Weilchen darin, mit freundlicher Distanz zu beobachten, was in mir so abläuft den ganzen Tag. Ich trainiere mich darin zu erkennen, welche halb- und unbewussten Automatismen sich abspulen, immer wieder. Ich trainiere mich darin zu erkennen, welche Quellen so manche der reflexhaften Reaktionen haben könnten – und ich frage mich mehr und mehr, ob ich diese reflexhaften Reaktionen einfach so laufen lassen will.

Nein, das will ich nicht. Ich möchte emotionale Handgranaten in mir *nicht* hochgehen lassen. Weil ich erkannt habe, dass sie mit mir und meiner Lebenssehnsucht nichts zu tun haben. Mein tiefstes, mein inneres Ziel ist es, mir meine Lebenssehnsucht zu erfüllen. Emotionale Ausbrüche stören da. Sie blockieren den Zugang zu ihr.

Also habe ich mich schon vor einiger Zeit entschieden, sehr genau zu recherchieren, auf welcher Ebene sich diese reflexhaften, abwehrenden Muster in mir eingenistet haben, die mich letztendlich unglücklich machen. Von denen will ich mich befreien. Ich habe mich entschieden, meine innere Welt – und besonders die meiner Emotionen – selbst zu steuern. Ich habe mich entschieden, mich selbst zu führen.

Wie also reagieren? Erst einmal werde ich meine reflexhafte Reaktion, die emotionale Handgranate, genau sezieren. Wegdrücken bringt nichts. Ein läppischer Satz von meiner Freundin Simone bringt mich extrem in Wallung. Was steckt dahinter? Völlig klar. Ich fühle mich durch Simones Bemerkung verletzt und ungerecht behandelt. Sie müsste doch wertschätzen, wie lange wir schon befreundet sind! Sie weiß doch auch, wie grundverschieden wir sind. Dass ich oft vorpresche und schnell eine klare Position zu Dingen, Menschen, Erlebnissen einnehme, während sie eher unentschieden ist. Ihr ist das zu anstrengend, wie ich ticke. Was ich verstehen kann.

Okay, denke ich. Das ist ja kein Drama. Ich kann von niemandem erwarten, dass er mich »richtig sieht«. Wer oder was rebelliert denn da in mir, wenn Simone einen so vorwurfsvollen Pfannen-Vorwurf in meine Richtung katapultiert? Bin *ich* das, die da die Adrenalinpumpen anwirft? Wegen so einer billigen Lappalie? Was ist das für ein Reflex? Was ist das für ein *Ich-Reflex*?

Eine interessante Vorstellung. Könnte es sein, dass sich ein ausgemachter *Ich-Reflex* in mir verkrochen hat, und zwar an zentraler Stelle? Einer, der permanent meine Wahrnehmung filtert? Einer, der ständig prüft: Wird hier gerade mein Ego gestärkt – oder versucht hier einer, mich subversiv zu schwächen? Und wenn er mich schwächen will – *wen* betrifft das eigentlich? Mich oder mein Ego? Oder sind beide eins?

Doch wenn ich die beiden trennen sollte – was mir sehr schlüssig zu sein scheint – wohin gehört dann der *Ich-Reflex*, die emotionale Handgranate? Zum *Ego* natürlich! Und nicht zu *mir,* wie ich mir zeitlebens eingebildet hatte?

Immerhin scheint dieser *Ich-Reflex* in der Lage zu sein, meine Vorstellungen, Gefühle und Gedanken massiv zu steuern, ohne dass er meine Erlaubnis dazu hat.

Hat sich da etwa, ohne zu fragen, eine Art reflexhaft agierende Institution in mir eingenistet, die unterhalb meiner Bewusstseinsschwelle agiert?

Diese Vorstellung ist einigermaßen unangenehm. Vor allem, wenn es sich sozusagen als kollektives Muster entpuppte, das so gut wie jeden von uns steuerte, unterschwellig, halbbewusst, undercover ...

Das würde bedeuten, dass einiges von dem, was wir als unsere »Bauchgefühle« bezeichnen, einige unserer spontanen Reaktionen, einiges von unserer Weltsicht, unserer Einschätzungen, Urteile – sozusagen von dieser Filter- und Bewertungs-Instanz »brainwashed« wären? Da hätte sich also etwas in uns etabliert, das uns vorgaukelt, es sei unmittelbares Fühlen, also »wir« ganz und gar »selbst« – aber dem ist vielleicht gar nicht so? Da agiert etwas in uns, das wir in ähnlicher Form bei sehr vielen anderen Menschen finden (und so halten wir das für »normal«), das, na ja, ein kollektives Muster der Verdrängung sein könnte? Und bitte: Verdrängung wovon?

Was ist am schwersten zu erreichen? Dass man sich selber auf die Schliche kommt.
(WILHELM BUSCH)

Begeben wir uns also auf die Suche. Fahnden wir nach *Ich-Reflexen*. Als erstes natürlich die Frage, woran ich sie erkennen kann. Ein wichtiges Merkmal weisen sie alle auf: Sie sind perfide Blockierer. Sie schneiden uns ab von ... der Haltung der Achtsamkeit, sie kappen die Lebensfreude. Sie verschließen das Herz und die Sinne. Sie machen uns unfähig zu lieben.

16

Sehr weit verbreitet und in unzähligen Spielarten unterwegs, ist ein sehr raffinierter Blockierer: *Der Hunger nach Anerkennung.* Jeder spürt ihn, jeder kennt ihn, jeder versucht ihn zu stillen. Und was soll daran falsch sein? Der Hunger nach Anerkennung – das ist doch eine ganz normale Angelegenheit, zutiefst menschlich! Lob bewirkt Wunder, Lob motiviert, macht glücklich, stärkt das Selbstbewusstsein. Was soll das also, von »unstillbarem Hunger« zu sprechen, als ob unsere Egos kollektiv vom Fleische fielen?

Unterstelle ich damit vielleicht unserer gesamten freiheitlich organisierten Welt, die Wettbewerb schön und Ellbogenmentalität weitgehend blöd findet, eine fürchterliche Ich-Zentrierung? Das Leben wird vorwärts gelebt und rückwärts verstanden. Die wesentlichen Fragen der Menschheit stellen sich uns spätestens im Kindergarten. Auch die nach dem unstillbaren Hunger nach Anerkennung. Also fangen wir mit dem Kindergarten an.

Wenn ich also versuche, mich durch den Dschungel meiner verschwommenen Erinnerungen an die Lebenswelt von Klein-Nina zu erinnern, dann taucht das auf, was unser Erleben vom Windelalter bis ins Greisenalter programmiert: Bilder und Gefühle. Doch Worte? Die unermüdlichen Erklärungen von Mama, Papa, Erzieherin, von Oma, Schwester, Onkel, Tante – die mir die Welt verstehen halfen, die mich auf »ja – nein« dressierten, auf »das darfst du – und das darfst du nicht!« –, klar prasselten die nieder auf mich. Doch nichts Konkretes blieb hängen im feinen Sieb der Erinnerung. Worte sind Schall und Rauch.

Aber Bilder und Gefühle. Und wenn ich das emotionale Fernglas rückblickend noch ein bisschen schärfer stelle, dann kristallisiert sich heraus: Zu jedem Bild gehört ein besonderer Mix an Gefühlen. Wie im Traum. Jedes Traumbild schwebt in seinem Kokon von Gefühlen. Und wenn ich diesem Kokon erlaube, sich zu öffnen, seine Gefühlsmatrix zu zeigen, dann bin ich meist in der Lage, die filigrane Botschaft meines Unbewussten zu entschlüsseln, den Traum zu deuten. Auch wenn er mich fremdartig fantasieverpackt zunächst zu irritieren vermochte.

Also: Es sind Bilder und Gefühle, die mein Erleben von früher Kindheit an programmierten, nicht Worte. Die Farben, die Motive, die Gefühlstemperaturen variieren. Doch die darüber liegenden Kindheitsmuster prägen sowohl individuell die Gefühlsstrukturen einer Familie, als auch kollektiv, jede Generation und ihre gesellschaftlichen Schichten.

Aus meiner Kindergartenzeit zwei Bilder, zwei Gefühle. Meine Mutter brachte mich jeden Morgen zu Fuß in den Hort. Der tägliche Fußweg führte uns von der Mietwohnung in der Münchner Mauerkircherstraße in einen hellen Behelfsbau irgendwo an der Isar. Natürlich gingen wir immer zu Fuß. An ein Auto für meine Mutter war damals nicht zu denken. Wenn das Wetter einigermaßen gut war, trödelten wir am Dianabrunnen am Kufsteiner Platz herum. Der traumartige Fetzen meiner frühen Erinnerung: die Wunderwelt der winzigen Moospflänzchen in den Fugen, Spalten, Löchelchen des porösen Sandsteins. Gefühlte Ewigkeiten konnte ich dort Geschichten erfinden von Miniaturpüppchen, deren Köpfchen die Moosblüten waren, Ameisen wuselten als ihre Haustiere dazwischen herum, und oft begann ich, dort auch gleich das Mittagessen zu kochen. In kleine Sandsteinmulden bröselte ich Kieselsteinchen hinein, dazu kamen Grashalme, ein Gänseblümchen – und fertig war die Gemüsesuppe. Wie warm das aufsteigende Gefühl ist, wenn ich dieses Kindheitsbild visualisiere! Ein Mikrokosmos aus Wärme, Liebe und Geborgenheit. Meine Mutter als Spiegel der kleinen Geschichten, die ich sprudelte, als Ideengeberin für Kochrezepte – wie ein leichter, wärmender Schutzmantel um meine kindliche Verletzlichkeit.

Das war die eine Seite, die Versunkenheit im Sein. Das Glücksgefühl, dass Welt, ich und meine Liebsten wunderbar verbunden sind.

Und nun zum zweiten Bild:
Nina im Kindergarten. Da sind schlichte Räume, weiß gestrichene Wände, und mittendrin wuselte, laut schreiend und rücksichtslos, die Spezies, die mir Angst einflößte: Jungs! Schrecklich selbstbewusste vier- bis fünfjährige Kerle, die immer genau das Spielzeug entwendeten, das ich gerade haben wollte. Die lauter brüllten als ich das konnte, und immer ging es um irgendetwas, das wir Mädchen bewundern sollten. Rasende Holzautos, andere überlegen in die Ecke schubsen, Tonangeber beim Sandburgenbau. Immer der Stress: Die sind die Raser, Brüller, Schubser, Tonangeber – und was bin ich? Keine Ahnung. Das jedenfalls nicht. Dazu war ich ja viel zu ängstlich.

Irgendwie schrie ich auch mal zurück, doch meistens verkrümelte ich mich in irgendeine Ecke. Am liebsten mit einem Mädchen. Waren es zwei oder drei, ging das Gerangel ja auch da los. Ich! Meins! Ich rangelte genauso mit, nur zog ich meist den Kürzeren, weil ich so verhuscht und unsicher war. Dabei wollte ich doch auch toll sein! MEIN Spielzeug, MEIN selbst gemaltes Bild, MEIN Doktorspiel!

Entsprechend zeigt sich auch das Gefühl, das aufsteigt aus den Zerrspielen der Erinnerung: Ohnmacht, Wut, Selbstzweifel. Und die klammheimliche Sehnsucht, den Spieß doch bitteschön umzudrehen: ICH bestimme die Spielregel! ICH klaue mir das Spielzeug, das ICH will! ICH spiele mit dem oder der, mit der ICH will! Was mir natürlich nie gelungen ist. Denn ich war ja die Ängstliche und in der Spielgruppe der Underdog.

Weshalb erzähle ich aus dieser schlichten frühkindlichen Erinnerung? Weil der unstillbare Hunger nach Anerkennung natürlich Sinn macht beim Sich-selbst-Entwickeln – und weil wir so dem *Ich-Reflex* wunderbar auf die Spur kommen können. Denn mit den Grundmustern geht es bekanntlich schon im Windelalter los. Anerkennung, Bestätigung gehören als Grundwährung zum Belohnungssystem wohlmeinender Eltern dazu, und diese Währung funktioniert nun mal deshalb so gut, weil das »Kind, das in uns verkrochen war«, wie die Autorin CHRISTA WOLF so wunderbar formulierte, mit dem elterlichen Loben-Loben-Loben seine Stärken, seine Talente, ja sein Ich entdecken und entwickeln kann. Und kindliches »Anerkennung-Wollen« gehört als eine Spielart des Ich-Austestens um das Ausloten sowohl von Eigenmacht als auch Begrenztheit dazu.

Man muss nicht unbedingt das Licht des anderen ausblasen,
um das eigene Licht leuchten zu lassen.
(PHIL BOSMANS)

Mustererkennung. Zwei Bilder meiner Kindheit – können sie exemplarisch stehen für zwei Pole der Persönlichkeitsentwicklung? Die wärmende Versunkenheit im Sein – und das Sich-selbst-Erkennen, im Messen und Vergleich mit anderen?

Zumindest eins ist klar: Das *eine* meiner beiden Erinnerungsbilder führt in die Welt des Innen – das *andere* ins Äußere, ein Kindheitsmuster für die Dualität des Seins. Und das, was ins Äußere führt, gewinnt ganz schnell die Überhand. Natürlich ist die Schule tägliches Trainingsfeld. Die beginnende Ablösung von den Eltern bedeutet, ein Gefühl für *Selbst-Wert* zu entwickeln und den Mut, sich abzuheben von anderen, die *Eigenheit,* die Talente, die eigenen Schwächen zu erkennen und damit umgehen zu lernen. Das geschieht natürlich im Vergleich mit den anderen, mit Freundinnen, Mitschülern etc.

In meiner »Kleinfeldschule« (wir waren nach Unterpfaffenhofen, heutiges Germering, umgezogen) war Anfang der 60er-Jahre Lernen im Wettbewerb die bevorzugte Methode. Und so sehr ich darunter litt, dass ich nicht wild genug, nicht entschlossen, nicht selbstsicher genug war, den Jungs Paroli bieten zu können in der Klasse mit 34 Schülern – so gut tat es mir, dass ich mich festhalten, ja innerlich hochranken konnte an den Wettbewerben, in denen ich die Jungs mühelos ausstechen konnte.

Am besten ist mir die Sache mit dem Schnellrechnen im Gefühlsbild präsent. Ich weiß nicht mehr genau, wie viele Kriterien dazu beitrugen, wer vorne, in den ersten Reihen des Klassenraums sitzen durfte – und wer auf die hinteren Bänke verfrachtet wurde. Die Noten in den wichtigsten Fächern spielten da sicherlich eine Rolle. Doch auch die Rechen-Wettbewerbe zählten. Und die gingen so: Der Mathelehrer stand vorne, die Schüler standen hinter ihren Tischen. Der Lehrer rief eine Multiplikationsaufgabe in den Raum, zum Beispiel: »Sieben mal 13!« Wer zuerst die richtige Antwort rief, durfte sich setzen. Das gleiche mit Aufgaben zum Dividieren, ergänzt um Additions- und Subtraktionsaufgaben. Wer sich am häufigsten zuerst setzen durfte, rückte dann auch in der Klasse nach vorne, eine Bank näher zum Lehrer. »Eins rauf mit Mappe!« hieß das. Was war ich glücklich! Ätsch, den Kerlen konnte ich's zeigen, das schüchterne, verklemmte Mädchen, ich saß nämlich in der ersten Bank!

Und dann kam noch das Wohlverhalten dazu. Das brachte extra Anerkennung. Zum einen war ich natürlich super brav. Immer pünktlich, immer alle Hausaufgaben gemacht, immer ruhig und still auf dem Platz, und wenn ich was sagen wollte, hob ich lieb den Arm und stand fein auf, wenn ich dran war.

So wurde ich vom Klassenlehrer Schmid für meine Bravheit geadelt, indem ich Sonderaufgaben erledigen durfte. Wenn es irgendetwas durchs Haus zu tragen gab, trabte Nina beflissen los. Wenn etwas an der Tafel zu notieren war, durfte das gleich Nina machen, denn die saß ja ganz vorne. Was für ein innerer Vorbeimarsch! Ich war toller als alle anderen! Braver, fleißiger, schneller im Rechnen. Wow.

Da gab es allerdings einen Haken. Da ich mir selbst so unsicher war in vielen Dingen, konnte ich mich selbst nicht zeigen, konnte die Mitschüler nicht für mich gewinnen, indem ich lustig war, Spiele erfand, andere mitriss ... Ich wusste ja irgendwie gar nicht, was es denn von mir zu zeigen gäbe über die Rechenkünste und Bravheit hinaus! So war ich nicht sehr beliebt, die Streberin halt. Da war also der Hunger nach Anerkennung, aber er wurde nur sehr partiell gestillt.

Und so kam es, dass ich genau das *nicht* lernte, was meinem schütteren Ich geholfen hätte: Nämlich den *anderen* ihre Erfolge zu gönnen, ihnen herzlich zu gratulieren, also allen zu zeigen, dass ich nicht allein die Spitze besetzen wollte. Wenn ich ehrlich war, traute ich mir das auch gar nicht zu. Doch genau dieser große blinde Fleck – *was trägt mich, was schützt mich, was kräftigt mich in meinem Inneren?* – darauf fühlte ich keine Antwort – und es hinderte mich daran, Anerkennung, Freundlichkeit, Liebe zu verschenken. Ich hatte ja für mich selbst nicht genug. Wie dann auch noch was an andere abgeben?

Ein Kindheitsmuster. Nichts Außergewöhnliches, jeder kennt Ähnliches. Doch *eines* wurde mir erst sehr viel später bewusst: Wieso war dieser blinde Fleck denn eigentlich so groß? Was steckte hinter diesem diffusen Gefühl, dass es mir an etwas mangelte, an etwas Elementarem? Es war das, was mich hinderte, das Licht anderer mit großer Freude leuchten zu lassen. Ja, es war dieser Mangel, der mich immer wieder drängte, um mich herum

Lichter auspusten zu wollen, damit meines heller leuchtete. Was für ein Mangel also? Mangelnde Liebe meiner Eltern? Mangelnde Wärme des Nestes? Zu konsequente, emotionslose Erziehung? Das wären allzu plumpe Erklärungsversuche.

Denn da gab es ja etwas, das mich als Kind leuchten ließ, *ohne* dass ich befürchtete, ich müsste die Droge Anerkennung mit anderen teilen: Das war das Carl Orff-Schulwerk. Ich bin meinen Eltern unendlich dankbar, dass ich schon mit drei Jahren dort anfangen durfte, Rhythmus-Instrumente, Tanz, Improvisation zu lernen. Die Stunden bei Suse Böhm, der Inhaberin des Studios in München, erdeten mich unmerklich und auf geradezu wundersame Weise. Auch dort ging es durchaus um Leistung, wir traten in den Münchner Kammerspielen auf, es gab kleine Partien für Solisten – doch da lugte nicht wie sonst die Unsicherheit aus jeder Fuge des Tanzparketts. Da fühlte ich mich sicher, bei mir. Das Xylophon, die Trommel, die Rassel, die ballettartige Bewegung dazu – das gehörte irgendwie zu mir, zu niemand anderem. Suse Böhm forderte viel, war streng – und sie ließ uns machen. Das Instrument, das gerade zur Stimmung passte – die Rolle in der Gruppe, die gut war. Mein Gott, wie war ich im siebten Himmel, wenn wir dann auch noch die Carmina Burana hörten! So eine Wucht, so eine Kraft, und alles von Menschen gemacht!

Das Leben wird vorwärts gelebt und rückwärts verstanden. Heute verstehe ich, dass mir das Carl Orff-Schulwerk den Weg nach innen öffnen half. Musik, Improvisation und Tanz, später kam noch das Chorsingen dazu – das wohnt auf einer so wunderbar anderen Ebene.

Es verbindet uns mit der Magie, der Kraft des Lebens – wenn wir uns ganz und gar einlassen, wenn wir Verbindung zulassen, ja, wenn wir unsere Form des stärkenden Gebets finden. Aber dazu später.

Formen der Kontemplation, der Innerlichkeit – aber auch kindgerechte Gespräche mit den Eltern, den Lehrern über das eigene Fühlen, die Ängste, die Unsicherheiten – das gab es nicht in unserer Kinderwelt der 50er-, 60er-Jahre. In unserer Familie dominierten – verständlicherweise – der Wille zum Aufbau, der Beruf und die materielle Sicherheit. Wie es *in* meinen Eltern aussah, was sie fühlten, dachten, wie sie Natur erlebten, wovon sie träumten – davon erfuhr ich nichts. Pulsierende Lebensfreude als bewusst erlebtes Glück? Das waren Luxusthemen, die existierten nicht.

Wir gingen auch nicht in die Kirche – außer an Weihnachten. Und der Religionsunterricht? Ich als »Evangele« war in irgendeinem Sonderunterricht im katholischen Bayern – ich erinnere mich an nichts. Die Botschaft der Bibel? Licht und Liebe als Gotteserfahrung in uns selbst? Gelebtes Füreinander? Keine Ahnung. Ich erlebte die Botschaft der Bibel als erhobenen Zeigefinger. »Du sollst.« »Du darfst nicht.« Der strafende Gott, nicht der führende, fördernde, beglückende.

Es gab damals – zumindest in meinem Umfeld – nichts, was geholfen hätte, das innere Wachstum zu unterstützen. Ja, gab es das denn früher, vor dem emotionalen Kahlschlag des Zweiten Weltkriegs und seinen Folgen? Wohl kaum. Bereits als Kind Unterstützungen beim inneren Wachstum zu erhalten, das war ein Glücksfall. Sicherlich gab es im Umfeld von nicht-repressiven Glaubensgemeinschaften aller Couleur auch für Kinder immer wieder die liebevolle Anleitung zur inneren Festigung, eine Hinführung an die Kraft des Seins – sei es durch Rituale, Gesänge, durch die liebevolle Praxis der Botschaft der Bibel, der Weisheit des Buddhismus, des Korans etc.

Doch welche Kultur hat die Erkenntnis der Dualität des Seins als wichtige, als lebenswichtige und frühe Lektion für ein gelungenes Leben aller gesellschaftlichen Schichten begriffen?

Vielleicht haben erst wir im 21. Jahrhundert auf der Spirale der fortschreitenden Bewusstseinsentwicklung die Chance, von Kindesbeinen an *beides* zu entwickeln: das *Ich im Außen*, das sich stark über den Spiegel des Umfelds definiert – und das *Ich im Innen*, das irgendwann in der Lage ist, sich selbst zu transzendieren, weil es seine Einheit mit dem Sein begreift.

Wir sind, was wir immer wieder tun.
(ARISTOTELES)

Zurück zu Klein-Nina: Ich kämpfte im Außen um Anerkennung und stärkte mich unbewusst ein wenig nach innen, mal mithilfe des Carl Orff-Schulwerks, mal im versunkenem Spiel, dann auch im Zeichnen … Und ich wurde also, frei nach Aristoteles, was ich immer wieder tat. Die Neurologie zeichnet uns die geprägten Wahrnehmungsmuster sogar in den neuronalen Verschaltungen nach. Ich suchte mich weiter und weiter vor allem im Außen zu stabilisieren, durch Anerkennung – und natürlich auch ganz besonders von den Eltern. Es ihnen recht zu machen und dafür Lob zu erhaschen, war alltägliches Muster – bis zur Pubertät.

Natürlich ist das ganz wunderbar für diese Entwicklungsstufe – doch da verkümmert Elementares, wenn nicht zugleich die Erkenntnis gefördert wird, wie leicht Anerkennung zur Droge werden kann, die nur kurze Glücksmomente schenkt. Was uns dauerhaft stärkt und von der Sucht nach Anerkennung befreit, das finden wir weder im Einser-Abitur noch als Siegerin von »Germany's Next Topmodel«, das finden wir nur in unserer inneren Welt. Und die können wir nur ganz allein betreten. Hier sind wir unser eigener Lotse, hier können wir ein Selbst-Bewusstsein finden, das trägt. Ein wichtiges Leuchtfeuer auf diesem Weg nach innen ist das Entdecken der Fähigkeit zu lieben. *Umfassend* zu lieben – nicht nur Mama, Papa, Hund und Bruder. Dieses Leuchtfeuer in sich selbst zu entdecken, erfahren auch Kinder als Geschenk, weil es stark macht, wärmt – und von der *Droge Anerkennung* befreit.

Die Entfaltung des menschlichen Wachsens entwickelt sich vom absoluten Bedürfnis, geliebt zu werden, zur völligen Bereitschaft, Liebe zu geben.
(WILLIAM STERN)

Geschieht das nicht, entwickelt sich die Ich-Definition sehr unbewusst. Und hängt sie stark vom Außen ab, dann *sind wir, was wir immer sind* ... Gastgeber für einen *Ich-Reflex*, der sich unmerklich einrichtet in uns und klammheimlich unsere gesamte Weltsicht steuert. Jede erdenkliche Situation checkt er ab, ob sie denn die Droge

Anerkennung enthalten könnte, ob und wie sie vielleicht aktiv zum Sprudeln gebracht werden könnte – oder ob eine Begegnung völlig *sinnlos*, weil ohne Streicheleinheiten fürs Ego war.

Meist kann der *Ich-Reflex* ungehindert weite emotionale Felder in uns besetzen, weil wir unsere Aufmerksamkeit ins Außen richten. Die Welt des Inneren ist zwar irgendwie da. Wie wir sie erreichen, erkennen, steuern, ja für unser Glück und Wohlbefinden nutzen könnten, damit setzen sich nur wenige auseinander. Möchten Sie damit beginnen? Dann tun Sie es jetzt!

Zuvor führe ich Sie noch kurz an den Herd zurück, zu den beiden Gasflammen, Pfannen und Freundinnen: Es gelang mir, die emotionale Handgranate zu entschärfen, indem ich die innere Ebene wechselte. Ich ging emotional zu mir und meiner vorwurfsvollen Freundin auf Distanz und schaute mir an, für den Bruchteil einer Sekunde, was in uns beiden denn *jenseits* der *Ich-Reflexe* an Positivem, Verbindendem existierte. Und das waren natürlich eine tiefe, verbindende Sympathie, Wertschätzung, Liebe. Also suchte ich diese Ebene zu erreichen – um der Verstrickung der *Ich-Reflexe* zu entkommen. Um den Hals fallen ging nicht. Das wäre aufgesetzt gewesen. Dazu war ich zu sehr verletzt. Aber Humor passte! Ich sagte: »Wie ein altes Ehepaar, oder? Wahnsinn, Simone. Wir haben uns vor 21 Jahren kennen gelernt.« Simone hielt inne, schaute mich an, der Frust verpuffte. Natürlich würden wir in einer ruhigen Minute über unsere Rollenmuster, über die Achillesfersen unseres Umgangs miteinander sprechen. Aber nicht jetzt. Es war uns gelungen, den *Ich-Reflex* in den Senkel zu stellen und die *andere Seite* in uns zu touchieren, die der Verbundenheit. Die Seite, die vom Ego nicht erreichbar ist.

Hier schon mal eine kleine Übung für die Stärkung der *anderen Seite* in uns, frei übernommen von dem wunderbaren täglichen Gratis-Emaildienst aus London *inner-Space* – sehr frei übersetzt:

Was macht dich wirklich reich?
Es ist nicht nur Geld, das dir das Gefühl von Reichtum gibt. Mach dir bewusst, wie reich du jetzt schon bist – entdecke deinen inneren Reichtum!

Wenn du dich reich fühlen möchtest, Tag für Tag, und nicht nur dann, wenn du eine Glückssträhne hast, dann starte in deinen Tag mit Dankbarkeit – vielleicht gleich morgens, wenn du aufwachst oder wenn du deinen Kaffee trinkst.

Was gibt dir das Gefühl, reich zu sein?
Vielleicht macht dich reich, Verbundenheit über Verschiedenheit zu stellen? Vielleicht macht dich eine lange Freundschaft reich – und die Erkenntnis, dass du Schwächen deiner Freundin, deines Freundes liebevoll wahrnehmen und annehmen kannst? Deine eigenen übrigens auch?

2

IM MENSCHEN SITZT EIN VERRÄTER, DER EITELKEIT HEISST

....

Es ist kaum zu glauben, was jeder Mensch glaubt,
was er für ein Mensch ist.
(JOHANN NESTROY)

....

Das *Time Magazine* adelte das Wort »Selfie« im Jahr 2012 als eines der »zehn Schlagworte des Jahres« – und kürte 2014 den »Selfie-Stick« zu einer der »25 besten Erfindungen des Jahres«. Der Selfie-Trend geriet spätestens mit der Oscarverleihung desselben Jahres zum Megatrend, als die Creme der Hollywood-Elite wie Ellen DeGeneres, Jennifer Lawrence, Meryl Streep, Julia Roberts, Channing Tatum, Angelina Jolie, Bradley Cooper, Brad Pitt, Kevin Spacey und Jared Leto ein Gruppen-Promi-Selfie postete – das bis heute weltweit am häufigsten retweetete Foto dieser Art.

»Schaut her, wir tun uns zusammen und zeigen uns euch – mitten in der Oscarverleihung, bei der ihr doch alle wahnsinnig gerne dabei wärt! Hier, dieser Sack guter Laune ist für euch!« – das war die Botschaft an die Fans. Der Unterschied zum klassischen Gruppenfoto – von den Augen eines Fotografen gefiltert – ist die direkte, hautnahe Ansprache, von Superstar zu Normalo. Die Ikonen des Filmbusiness – sie kamen damit ihren Fans, zumindest nach den Kriterien des Netzes, noch ein bisschen näher.

Das Selfie ist ein Gute-Laune-Virus. Es dokumentiert für alle, die es wissen wollen: »Hey, alles so schön bunt hier! Ich war dabei!«. Deshalb sind in vielen Museen, im Pariser Louvre oder in den Uffizien in Florenz, zumindest Selfie-*Sticks* verboten. Zu viele Besucher hantierten direkt vor den alten Meistern mit ihren Handystangen herum. Das Selfie dokumentiert: »Schaut, wen ich getroffen habe!« Mona Lisa! An den roten Teppichen der Welt sind Autogramme out. Die Stars müssen sich zum Fan in Selfie-Perspektive knicken. Das Selfie popularisiert und individualisiert. Mit etwas Glück, Geduld und Hartnäckigkeit kann sich jeder Kopf an Kopf mit einem VIP verewigen – und die Welt mit diesem Rendezvous beglücken.

Geradezu eine Offenbarung per Namensgebung war dann der *Narciss-Stick*. Genau das ist es doch, das Selfie: der Krückstock des Narzissten? Großartiges Hilfsmittel zur Selbstbespiegelung? Kann sein, muss aber nicht sein. Ein Bild sagt mehr als tausend Worte. Selfies können heitere »Ich mag dich – und ich zeige mich dir«-Botschaften an Freunde sein.

Wir können allerdings Selfies durchaus zu einer bewussten Form der Selbsterkenntnis nutzen, auch wenn das vielleicht etwas ungewöhnlich anmuten mag: Wir können sie als Geigerzähler einsetzen für die Messung unserer eigenen Eitelkeit.

Ich und ich und ich … und die schönsten Orte der Welt und die wichtigsten Menschen, das alles teile ich möglichst vielen mit, ja, allen, mit denen ich mehr oder weniger zufällig im Netz verbunden bin.

Also liegt es nahe, nachzufragen: Wer bin ich denn, dass ich Hunderten, Tausenden täglich meine Beschäftigungen poste? Wer oder was macht mich so wichtig, dass ich der Meinung bin, das könnte so viele andere interessieren? Was ist daran so wertvoll, dass ich jede Menge Zeit darauf verwende, mein Antlitz mit wechselnder, mal mehr, mal weniger banaler Garnierung in die Welt zu senden? Die Antwort ist klar. Der Treibstoff fürs Dauer-Posten des Ich sprudelt aus einer Zapfsäule, die schier nie versiegt. Es ist die Zapfsäule Eitelkeit.

Was verstehen wir unter *Eitelkeit?* Assoziieren wir alle dasselbe? Natürlich schillert dieses Etikett von dunkel bis hell. Ein *bisschen* eitel gilt in unserer Gesellschaft als menschlich – *sehr* eitel gilt als verwerflich. Der *Duden* hilft uns mit jeder Menge Synonymen – von *Einbildung, Selbstgefälligkeit, Gefallsucht* bis hin zur *Affigkeit,* aber auch *Hohlheit, Substanzlosigkeit.*

Der Seismograf unserer Eitelkeit reicht also von, sagen wir, *heiterer Selbstdarstellung* am unteren Ende der Skala bis zu *massiver Gefallsucht* ganz oben. Damit können wir nun eine kleine, feine Wahrnehmungsübung verbinden, indem wir uns fragen, während wir beim Selfie-Schießen in die Handylinse flirten: *Weshalb* tu ich das jetzt wirklich? Was ist mein wahres Motiv? *Weshalb* halte ich mir dieses banale Smartphone vor die Nase und lächele gewinnend hinein, was ist mein tiefer Beweggrund? Will ich erheitern, informieren, einen herzlichen Gruß senden – oder will ich beeindrucken, gefallen? Will ich *senden* oder will ich *kriegen*? Will ich meine Stimmung ver*senden* – oder will ich in Wahrheit Bewunderung *kriegen*? Oder will ich beides?

Nutzen Sie das Selfie für eine kleine Selbstbeobachtung. Will ich *einfach nur senden,* bin ich bei mir und meiner Befindlichkeit. Will ich *gefallen*, delegiere ich mein Wohlbefinden an andere. Deren Bewunderung will ich haben, tut mir gut, brauche ich. *Gefallsucht* ist, wie der Name nahelegt, eine Droge.

Manche Hähne glauben, dass die Sonne ihretwegen aufgeht.
(THEODOR FONTANE)

Egozentrik ist ein Käfig. Ein Gockel, der permanent um seine perfekte Optik, um das Eindruck-machen besorgt ist, er *scheint* um sich selbst zu rotieren, ist in Wahrheit vom Außen abhängig, von der Bewunderung anderer, ohne aber zugleich in entspannte emotionale Beziehungen treten zu können. Willkommen in der Eisbox der Zwischenmenschlichkeit.

Wir kommen mit dieser schlichten Analyse also zurück zu der Frage des letzten Kapitels: Wie sehr bin ich mir dessen bewusst, welche Quellen der *Ich-Stärkung* ich nutze? Und damit: Wie sehr diktiert mir unbewusst der *Ich-Reflex* mein Verhalten? Wie sehr bin ich halb- oder gar nicht bewusst auf dem Trip der ständigen Selbstvergewisserung durch mein Umfeld? Auf der anderen Seite: Welchen Raum erlaube ich mir für die Vertiefung, für das Öffnen des Zugangs zur *anderen Seite* in mir – zu dem, was zählt und mich in Wahrheit trägt?

Zurück zu dem unverkennbaren Merkmal des *Ich-Reflexes*, zur Eitelkeit. Und der Weg zu ihrem Verständnis führt über AUGUSTINUS:

Nichts zeigt die Größe eines Menschen so sehr, wie sein Verhalten zu den Sünden anderer.

Sie mögen jetzt denken: Diesen Ausspruch des großen Kirchenphilosophen AUGUSTINUS zitiert nun eine, die zehn Jahre lang das Geschäft der Eitelkeit par excellence betrieb? Die zehn Jahre lang als Gründerin und Moderatorin der Sendung täglich über den Bildschirm flimmerte, die für den Jahrmarkt der Eitelkeiten stand, für Klatsch und Tratsch – nämlich für »Leute heute« im ZDF?

Richtig. Denn diese Aufgabe gab für mich die beste Schulung ab für die Erkenntnis des *Wesentlichen.*
Über andere zu reden, die nicht anwesend sind – das scheint ein zutiefst menschliches Bedürfnis zu sein. Wir sind soziale Wesen, und natürlich wollen wir Mitmenschen einschätzen lernen mithilfe der Informationen und Bewertungen, die uns Dritte liefern. Und natürlich gilt es auch hier sehr bewusst zu erkennen, aus *welchem Grund* ich über andere rede. Geht es tatsächlich um Informationen über eine Person, um sie einschätzen zu lernen? Geht es darum, aus deren Handeln, aus deren Schicksal für mich selbst, für meine beruflichen Zusammenhänge etwas zu lernen, ja meine Menschenkenntnis zu trainieren? Oder geht es um etwas ganz anderes:

Indem man über andere schlecht redet, macht man sich selber nicht besser.
(KONFUZIUS)

Indem man andere idealisiert und verehrt, macht man sich selbst genauso wenig besser. Klatsch und Tratsch hat zwei mentale Funktionen: Sich selbst größer, cooler, besser zu fühlen, indem man Dritte niedermacht – oder sich größer, cooler, besser zu fühlen, indem man sich mit ihnen als fernes Vorbild identifiziert. Das mit dem *besser fühlen* scheint ziemlich gut zu funktionieren, sonst würde nicht so viel getratscht. Egal, ob im Flur, am Kantinentisch, auf Partys – oder in den Millionen der Klatschblätter, in den entsprechenden Fernsehsendungen und grenzenlos im Netz.

Aus welchem Grund tut das »irgendwie« gut, in die Beziehungs- und Ehe-Abgründe im Hause Angelina Jolie/Brad Pitt abzutauchen? Weshalb kitzelt sie so, die Neugier, die Liebesbeziehung zwischen dem Bundesminister der Justiz und der bekannten Schauspielerin? Scheidungen, Affären, Drogensüchte, Trennungen, pompöse Adelshochzeiten, unfreiwillige Outings von Homosexuellen, entwürdigende Schnappschüsse von schönheitsoperierten Prominenten – was bringt uns das? Das Mega-Geschäft mit sogenannter C-Prominenz in der durchkomponierten und inszenierten Ekel-Schlammschlacht des »Dschungelcamp« – wieso funktioniert das so genial, weshalb bringt das richtig Einschaltquote?

Indem man über andere schlecht redet, macht man sich selber nicht besser.

... man *macht* sich nicht besser, okay. Dem wird jeder zustimmen, der hemmungslos ablästert über strauchelnde, sich freiwillig entblößende, ungünstig abgelichtete Stars. Aber man *fühlt* sich halt besser, wenn die, die scheinbar alles haben – oder hatten: Ruhm, Geld, Schönheit, »Größe« – wenn die dann auch blöd dran sind. Wie man selbst. Und wenn's halt nicht der Star ist, über den man sich echauffiert, dann ist es die saublöde Nachbarin, der arrogante Kollege – Sie wissen schon. Klatsch und Tratsch und das damit verbundene Hochgefühl sind überall.

Aus welchem Grund nur? Einer ist natürlich offensichtlich. KONFUZIUS umschreibt ihn wunderbar. Indem ich über andere schlecht rede, muss ich mich nicht selbst anschauen. Über andere abzulästern, lenkt von allem ab, was *wesentlich* sein könnte. Die eigenen Unsicherheiten, die eigene Leere nehme ich weniger wahr. Klatsch und Tratsch sind hoch effiziente Instrumente des *Ich-Reflexes*. Ich werde die Kälte in mir, meine Halbheit, meine heimliche Sehnsucht nach Verbundenheit – womit eigentlich? – nicht spüren, wenn ich mich ständig mit anderen beschäftige und meine Emotionen nicht etwa in Wertschätzung, sondern in Abwertung oder auch plumper Idealisierung verschwende. Ein tückisches Surrogat: Sowohl Abwertung als auch Idealisierung gehen mit starken Gefühlen einher. Sie bieten den Thrill, der pralles Leben suggeriert, ohne authentisch zu sein. Es ist das schale Surrogat, Leben aus zweiter Hand.

Eine weitere kleine Wahrnehmungsübung: Kommen Sie sich selbst auf die Spur. Beobachten Sie sich, wie oft Sie über andere reden. Trennen Sie bewusst zwischen: Menschenkenntnis erwerben, eine Person einschätzen lernen – und der Lust am Lästern, sich am Schicksal anderer weiden – mit dem Effekt einer gewissen oberflächlichen Selbstvergewisserung. Was natürlich ganz besonders schön in der Gruppe funktioniert. *Wir* fühlen uns stark, wenn wir während der laufenden Sendung per

SMS einen Dschungelcamp- oder Let's Dance-Kandidaten aus dem Rennen werfen ...

Was für eine Zeitverschwendung! Was gäbe es nicht alles an anderen wichtigen, spannenden, unterhaltsamen Themen! Ich habe mir seit Jahren abgewöhnt, in Klatsch und Tratsch einzustimmen, egal, wo ich auf Nester des Lästerns treffe. Ich stoße lieber ein neues Thema an, das in meinen Augen *Sinn* macht – oder ich verlasse die Runde. Und wenn das nicht geht, ziehe ich mich innerlich zurück. Ja, warum haben Sie dann so lange »Leute heute« moderiert, liebe Frau Ruge? fragen Sie jetzt vielleicht. Ganz einfach. Weil »Leute heute« kein Klatsch-Magazin war. Wir wollten in erster Linie über Menschen, die man kennt, über Prominente, informieren. Deshalb definiert sich »Leute heute« konsequent als *PEOPLE*-Magazin. Wir hatten uns von Anfang an zum Ziel gesetzt, fair zu berichten. Klassischer Klatsch, also Meldungen, die nicht zu bestätigen waren, blieben außen vor. Herabwürdigendes unter der Gürtellinie ebenfalls. Wir nutzten bewusst und ausschließlich das Handwerkszeug des Journalisten, und die Redaktion »Leute heute« gehört entsprechend bis heute zur ZDF-Nachrichten-Redaktion.

Ja, wir berichteten auch über das Privatleben von Prominenten, über Drogensucht und Trennung, über Selbstdarsteller und prügelnde Partner. Ja, wir taten das auch mit einem unterhaltenden Unterton. Doch zweierlei hatte ich immer im Hinterkopf, beim Formulieren jeder Moderation. Erstens: Die Würde des Menschen ist unantastbar. Und zweitens: Was könnten wir aus dieser Lebensgeschichte, aus dieser Episode lernen?

Ein Schicksal, das für viele steht: Der faszinierende Aufstieg und das erschütternde Ende von Pop-Ikone Michael Jackson. So viele Facetten, über die es zu berichten gab. So vieles, was verzerrt, unfair, reißerisch unterstellt wurde. Das ewige Gerede über Schönheits-OPs. Zumindest ein medizinischer Hintergrund für Michaels oftmalige dermatologische Behandlungen wurde eindeutig als Weißfleckenkrankheit *Vitiligo* diagnostiziert, doch leider erst nach seinem Tod. Die Vorwürfe des Kindesmissbrauchs – über Jahre und geradezu hysterisch öffentlich angeprangert – am Ende sprachen ihn die Geschworenen einstimmig frei. Wie ist es möglich, in solch aufgeheizter Vorverurteilung des Boulevard noch »fair« zu berichten? Faire Berichterstattung sahen wir in der Redaktion immerhin als unsere wichtigste Aufgabe. Sicher ist uns das nicht immer gelungen. Doch es war unser gemeinsames Ziel. Immer.

Und so waren meine zehn Jahre »Leute heute« auch ein Training im feinen Erspüren: Wo ist die wirklich interessante Information über einen Prominenten? Was lässt sich lernen aus seinem Verhalten? Können wir uns üben im Verstehen? Und wo halten wir uns besser völlig raus?
Manche Prominente eignen sich allerdings als wunderbare Anschauungs-Subjekte für das Stadium des fortgeschrittenen *Ich-Reflexes*. Ruhm ist nun mal eine starke Droge, die enorme Entzugserscheinungen nach sich zieht, wenn die Prominenz verwelkt. Damit schwindet auch die Möglichkeit der Selbstdefinition durch die Bewunderung anderer. Und seien die Mittel, diese Bewunderung zu ergattern, noch so hohl wie Stretchlimo, Bodyguards, eine riesige Entourage etc.: Der Jahrmarkt

der Eitelkeiten eignet sich großartig als Erkenntnisprogramm für sämtliche Spielarten des *Ich-Reflexes.*

Und dennoch ist es *sinnlos,* sich lustig zu machen, sich als People-Berichterstatter über solche Ego-Spiele zu erheben. Ego-Manien deutlich machen, auch gerne mal süffisant, gerne. Doch nicht mit der Genugtuung, sich überlegen zu fühlen, auch und besonders *nicht* als Berichterstatter.

Nichts zeigt die Größe eines Menschen so sehr, wie sein Verhalten zu den Sünden anderer.
(AUGUSTINUS)

Was also ist »Größe« in diesem Zusammenhang? Es ist die Haltung des Erkennens und des Verstehens. Es ist die Grundmotivation, die Muster der Unbewusstheit im Verhalten anderer zu erkennen, sie weder zu verachten noch in anderer Form zu bewerten, doch für sich selbst aus diesem Erkennen und Lernen Maßstäbe zu entwickeln – für das eigene Tun. Und was ist der Humus, auf dem eine solche Haltung gedeihen kann? Die eigene Bewusstheit, oder zumindest die permanente Selbstentwicklung, die mit dem Beobachten, Erkennen und Sich-Ablösen von unbewusst akzeptierten Wahrnehmungs- und Reaktions-Automatismen *bei sich selbst* einhergeht.

Der Buddhismus lehrt uns die Haltung der *Abgelöstheit* und des *Mitgefühls.* Es mag merkwürdig klingen, wenn ich beides als Leitlinien für die Berichterstattung über Prominente anführe. Doch wenn ich zurückschaue, ist das tatsächlich die wichtigste Erfahrung, die ich machen durfte in den zehn Jahren »Leute heute«, beides zu üben – und damit, als Nebeneffekt, die *andere Seite* zu stärken in mir. *Abgelöstheit* kann ich hier übersetzen mit: Alles ist eitel. Meine journalistische UND persönliche Haltung, nichts wirklich ernst zu nehmen in diesem Segment, half mir im Training, die Dimension zu erkennen, die zählt, die aber meist völlig ausgeblendet wird, die Dimension des Seins. Zugleich waren diese zehn Jahre ein großartiges Übungsfeld, Menschen auch in diesem Spiel der Prominenz kompromisslos respektieren zu lernen, in ihrer Welt, oftmals als Marionetten des *Ich-Reflexes*. Keine Herabwürdigung, sondern Distanz *und* Verstehen, Distanz *und* Mitgefühl. Es ist nicht meine Aufgabe, Prominente auf mögliche Defizite aufmerksam zu machen. Doch kann ich Mitgefühl empfinden, wenn ihre Defizite sie in elementare Krisen stürzen.

Christine Kaufmann gab einem ihrer letzten Bücher den Titel *Scheinweltfieber*. Sie spielte darauf an, wie sehr die Droge »Prominenz« krank machen kann, wenn sie systematisch und zugleich völlig unbewusst als Betäubungsmittel eingesetzt wird. Wenn sie das Wahrnehmen der Lebenssehnsucht betäuben hilft, wenn sie Komplize ist bei der Verdrängungsarbeit, beim Nicht-wahrnehmen-Wollen von dem, was uns wirklich trägt.

Die sicherste Kur der Eitelkeit ist die Einsamkeit.
(THOMAS CLAYTON WOLFE)

Der geniale US-amerikanische Schriftsteller, der diesen Satz formulierte, wurde noch nicht mal 38 Jahre alt. Doch er hatte die wunderbare Begabung, in seinen geradezu hellsichtigen Novellen und Romanen den Lesern Anfang des letzten Jahrhunderts einen Ausdruck ihrer verborgenen Sehnsucht zu geben. Wenn du, der Mann oder die Frau von nebenan, Eitelkeit überwinden willst, entziehe die Droge, sagt er. Und die Droge, das sind die anderen, die Öffentlichkeit, die Kollegen, die Freunde – jeder hat sein Publikum. Wenn du dich nicht spiegeln kannst, wenn dir nicht das gespiegelt wird, was du zu brauchen meinst und unbedingt haben willst, also die Anerkennung ... weil du allein bist, dann ist die Droge weg, logisch.

Sehr eitle Menschen finden Einsamkeit furchtbar. Menschen, die den *Ich-Reflex* auflösen wollen, erkennen deren heilende Kraft. Die britische Pop- und Soulsängerin ADELE dürfte ein Superstar sein, von dem wir lernen können. Als zehnfache Grammy-Gewinnerin, dazu Oscar und Golden Globe, ist sie eine der erfolgreichsten Sängerinnen des 21. Jahrhunderts und das im zarten Alter von deutlich unter 30. 2012, auf dem Höhepunkt ihres Erfolges, nach Stimmband-OP und der Geburt ihres Sohnes, zog sie sich überraschend komplett aus dem Showgeschäft zurück. Sie war einfach nicht mehr da. Keine Interviews, keine Live-Shows, kein Album. Mit einiger Wahrscheinlichkeit hat sie sich in die Kur begeben, die »Einsamkeit« heißt – in ihrem Fall war das der Rückzug in die Familie. Sie entzog sich damit dem Suchtfaktor, der Bewunderung, dem Hype um ihre Person. Geld war für sie angenehmerweise kein Thema mehr. Drei Jahre später ihr Comeback, und ihr neues Album war wieder eine Sensation, faszinierend, überwältigend. Was sie nicht vor erneuten Stimmbandproblemen schützte: spektakulärer Abbruch ihrer Welttournee.

Angst vor dem Vergessen-Werden? Die existiert sicherlich auch im »Fall Adele«. Je höher du steigst, desto stärker die Droge der Prominenz, desto stärker die möglichen Entzugserscheinungen. Doch wie so oft: Ob eine Droge zu *Gebrauch* oder zu *Missbrauch* führt, ist eine Frage der Stärke der Persönlichkeit. Oder genauer: ihrer Bewusstheit.

Was können wir daraus lernen? Zunächst die schlichte Botschaft, dass Einsamkeit und Rückzug Königswege hin zum *Wesentlichen* sind. Für einen Superstar bedeutet auch der zeitlich begrenzte Rückzug eine harte Entscheidung. Berater, Manager, Plattenfirma – niemand will einen solchen Bruch akzeptieren. Ja, das Risiko, durch andere Talente nahtlos ersetzt zu werden, ist groß in einem Showbusiness, das täglich Karrieren verbrennt. Entsprechend ist eine solche Entscheidung enorm souverän. Finanzielle Absicherung ist nicht alles. Die Droge Ruhm ist häufig stärker als Geld.

Nico Rosberg – Formel-1-Weltmeister auf Mercedes: Er entschied noch radikaler. Kurz nach dem größten denkbaren Erfolg eines Rennfahrers beendete er seine Karriere. Weil er sich seiner Familie widmen will? Niemand kennt seine wahren Beweggründe. Doch Fakt ist: Er entschied sich *gegen* die Droge und, wie er durchblicken ließ, *für* Lebensqualität. Und diese definiert er offenbar anders als das, wovon so viele träumen. Der Kultstatus, den ein Formel-1-Weltmeister hat, ist kaum zu toppen. Unendlich viel Ruhm, Geld, Bedeutung – und wenn gewünscht, auch Frauen. Nico Rosberg verzichtete bewusst darauf.

Die sicherste Kur der Eitelkeit ist die Einsamkeit.

Einsamkeit als Kur. Vielleicht mögen Sie nachdenken, ob das nicht auch für *Sie* ein seelisches Stärkungsmittel sein könnte – als Prophylaxe oder auch aus der Erkenntnis einer gewissen Abhängigkeit heraus? Selbstgewählter, phasenweiser Rückzug – für mich ist er zu einer *wesentlichen* Kategorie meines Lebens geworden. Mit ihm wächst die Chance der Vertiefung – und der Befreiung vom *Ich-Reflex* ...

... welcher sich – wie meine Kapitelüberschrift unterstellt – nicht nur von der Droge Eitelkeit nährt, sondern obendrein ein Verräter ist:

Im Menschen sitzt ein Verräter, der Eitelkeit heißt.
(PAUL AMBROISE VALÉRY)

Wenn wir nun also die Eitelkeit als klassisches Merkmal des *Ich-Reflexes* markieren, dann darf ihre gefährlichste Funktion nicht fehlen. Niemand kann auch nur annährend einschätzen, wie viele Freundschaften, wie viele berufliche Laufbahnen zerstört und wie viel politisches Unheil angerichtet wurde durch den Verräter, der Eitelkeit heißt. Schon als Kinder hat es garantiert jeder von Ihnen erfahren – und in Kindern wirkt der Verräter besonders brutal, weil er das Ego so unvermittelt aufzublähen weiß ...

Meine beste Freundin verriet vor der versammelten vierten Grundschulklasse, welchen Jungen ich damals heimlich anhimmelte. Supergau! Die empfindlichsten Gefühle, weil zaghaft auf dem völligen Neuland der noch fernen Erwachsenenverliebtheit sprießend, also die kapitale Unsicherheit eines kleinen Mädchens vor hämischen Mitschülern entblößend, das trifft so tief, wie es schlimmer kaum sein kann. Wieso tut ein Mädchen das, das ja von der »besten Freundin« bislang viel Zuneigung und Unterstützung erhalten hat? Und wütet diese »beste Freundin« bewusst im Selbstbewusstsein ihres Opfers? Solche archaischen Formen der Beziehungsstörung sind in den seltensten Fällen bewusst gesteuert. Da ist zumindest das Halbbewusste im Spiel. Da wütet der *Ich-Reflex*.

Welches Strohfeuer der vermeintlichen Ich-Stärkung entfacht denn die Verräterin? Sie erfährt die entwürdigende Bloßstellung ihrer besten Freundin. Damit wird jene in ihrer Position innerhalb der Gruppe massiv diskreditiert. Und sie selbst, die Auslöserin des Desasters, das der Gruppe flüchtige Genugtuung beschert, sie wird aufgewertet. Ein geiles Gefühl.

Oder doch nicht? Natürlich nicht. Die Genugtuung basiert ja nicht auf der Erkenntnis und der Erfahrung von persönlicher Leistung, einer liebevollen Handlung oder etwa einer mutigen Tat. Diese Sorte der Genugtuung suggeriert Stärke, die in Wahrheit eine frappierende Schwäche ist. Die Methodik des *Ich-Reflexes* speist sich ja aus dem Prinzip des *Habenwollens* und kennt das Glück des *Gebens* nicht. Woher auch.

Die kindliche Brutalität des Verräters, der Eitelkeit heißt, ist oft im Erwachsenen nur verkleidet – aber nicht abgeschwächt. Deshalb macht es sehr viel Sinn, sich auch hier auf die Schliche zu kommen und nachzufühlen: Wie viel Verräter sitzt denn auch in mir? In welchen Situationen bin ich versucht, Geheimnisse, Schwächen, verheimlichte Krankheiten, Niederlagen anderer preiszugeben, weil ich den Thrill des mich Wichtigmachens genieße? Ein »Verräter« dieser Couleur erfährt durchaus verlässliche Aufwertung, wenn Egos miteinander kommunizieren. Was für ein erhebendes Gefühl, ein außereheliches Verhältnis preiszugeben! Wie sensationell die anderen reagieren! Entsetzt! Feixend! Das geht richtig rein! Und *ich* bin der Auslöser dieser Aufregung! Einfach toll. Natürlich – wenn Sie diese Zeilen lesen, lehnen Sie solchen Verrat aus Eitelkeit ab. Und doch: Sitzt dieser Verräter nicht auch – wenn auch vielleicht in weniger zerstörerischer Variante – ebenfalls in Ihnen?

Sensibilisieren Sie sich. Ein Schlüssel dafür ist die Wahrnehmung dessen, was jenseits dieses Spiels der Bedeutung ist, also ... des *Wesentlichen*. Fragen Sie sich: Wie möchte ich mit den Geheimnissen, verheimlichten Krankheiten, Niederlagen eines anderen umgehen – auch wenn ich diesen Zeitgenossen vielleicht nicht sonderlich mag? Wenn ich mir diese Frage stelle – aus der Haltung der Dankbarkeit heraus – für das mir geschenkte Leben, das ich in vielen Momenten in Achtsamkeit und Demut als tiefen Frieden wahrnehme ... Wie lautet die Antwort? Ich nutze das Wissen um die Schwächen anderer natürlich nicht für mich, für meine schale Selbsterhöhung. Ich überlege vielleicht, wie ich helfen kann. Aus Respekt vor diesem Individuum, das in seiner ganz eigenen, vielleicht auch fremden Angst- und Gefühlswelt lebt, gäbe es keinerlei Anlass, es zu schwächen. Es geht ja um die Erfahrung des Seins, von der wir ahnen, dass sie für jedes Wesen die elementare ist. Und da ist kein Raum für das Ego.

Es geht also um einen klassischen Perspektivenwechsel. Weg vom Habenwollen, Selbsterhöhen hin zum *Wesentlichen* auch in Bagatellsituationen des Alltags. Die Fokussierung der Berichterstattung in vielen Medien trainiert uns allerdings oft genau ins Gegenteil. Wahrnehmungen, Einschätzungen sind genussvoll neidgetrieben, also vielfältige Spielarten des *Ich-Reflexes*. Vom Erkennen über das Wollen zum Tun. Das ist der magische Dreiklang für jede persönliche Entwicklung. Üben Sie sich also zunächst im Erkennen Ihrer eigenen Reflexe. Ertappen Sie sich – beim Tratsch, beim Lästern, beim Ausgiebig-über-Dritte-Herziehen. Was, das kennen Sie nicht? Es handelt sich immerhin um ein gesellschaftlich sehr gern gespieltes Spiel. Es muss auch nicht immer auf Waschweib-Niveau daherkommen. Da gibt es fantastische Variationen.

Lassen Sie sich nicht einlullen von Ihren gewohnten Alltagsmustern. Schalten Sie einen mentalen Sensor auf Empfang und fragen Sie sich nüchtern, immer dann, wenn über Dritte gesprochen wird, aus welcher tiefen inneren Motivation das geschieht. Sie werden sehr schnell ein untrügliches Gefühl dafür entwickeln, wenn es um schale Selbsterhöhung geht. Steigen Sie aus solchen Situationen aus. Ohne Vorwurf, ohne Verachtung, steigen Sie einfach mental aus, verlassen Sie die Gesprächssituation – oder wechseln Sie aktiv das Thema. Wenn Sie bewusst über einige Zeit ihrem inneren Sensor folgen, werden Sie feststellen, dass sich Ihr Umgang mit Menschen grundlegend ändert. Sie werden dann über Dritte sprechen, wenn es gilt, sie einschätzen zu lernen, sie optimal einzubinden in berufliche Arbeitsprozesse, ihnen

Unterstützung zu geben, von ihnen zu lernen – oder sich bewusst von ihnen fern zu halten. Sie werden von anderen als offener, fairer und uneitler Mensch geschätzt werden. Sie werden sich selbst schätzen.

Und Sie werden vielleicht auch stärker wahrnehmen als je zuvor, wie sehr *sinnfreies* Tratschen über andere bis hin zu feixendem Lästern pure Verschwendung von kostbarer Lebenszeit ist. Sie werden spüren, wie hohl es sich anfühlt, das vermeintliche kollektive Wohlgefühl im Tratsch. Sie werden Lust auf eine klatschfreie Kommunikation entwickeln, und Sie werden Gesellschaften meiden, die genau das als Selbstverstärkungsmuster nutzen.

Machen Sie sich dagegen immun, indem Sie die innere Blickrichtung ändern, indem Sie sich auf das Wesentliche fokussieren, egal was im Mainstream üblich ist. Dann legen wir doch gleich noch einen drauf:

Du wirst dringend gebraucht, um die Seele dieser Welt zu retten. Hast du geglaubt, aus irgendeinem geringeren Grund hergekommen zu sein?
(CHIEF ARVOL LOOKING HORSE, Lakota-Indianer)

3

WILLST DU RECHT HABEN – ODER LIEBEN?

*Einer wird umkehren
und wieder mit der Liebe anfangen müssen.
(FJODOR M. DOSTOJEWSKI)*

»Die Liebe ist ein seltsames Spiel. Sie kommt und geht von einem zum andern.« Connie Francis war ein Superstar der 50er- und 60er-Jahre, beileibe nicht nur in Deutschland, und ich setze ihren Erfolgstitel bewusst an den Anfang dieses Kapitels. Wenn Sie die Möglichkeit haben, hören und schauen Sie sich diesen Song aus dem Jahr 1964 auf YouTube an. Hier ist der Text:

*Die Liebe ist ein seltsames Spiel
Sie kommt und geht von einem zum andern
Sie nimmt uns alles, doch sie gibt auch viel zu viel
die Liebe ist ein seltsames Spiel.
Wir fanden und wir liebten uns seit Jahren
Die Zukunft schien uns beiden sonnenklar
Fast wären wir zum Standesamt gefahren
bis alles plötzlich so verändert war ...*

Connies glockenhelle Stimme, die eingängige Melodie – wir erleben eine junge Frau mit üppigen Rundungen und Petticoat aus Tüll, mit toupiertem Helm aus Haar und umflort von einer Stimmung der Verlorenheit, der

Melancholie. Einstudierte Schritte vor der Kamera, starrer Blick in die Linse. So sieht kein Mensch aus, der sein Leben feiert. So sehen Marionetten aus. Da zieht irgendjemand an den ominösen Fäden ihrer Biografie. Diese höchst erfolgreiche, zu Reichtum gekommene Amerikanerin, die in 15 Sprachen die Weltmärkte der Schallplatte eroberte, saß nicht am Steuer ihres Erlebens. Hier ein Auszug aus ihrem Liebesleben:

»Connie Francis' Privatleben war mindestens ebenso von Turbulenzen geprägt wie ihre Karriere. Keine ihrer Ehen hielt lange. Ihre erste große Liebe zu dem Künstler Bobby Darin endete beinahe in einem Blutbad, als ihr Vater den Liebhaber in einer TV-Sendung mit einer Waffe bedrohte. Die Beziehung zerbrach und Connie heiratete Dick Kannellis, von dem sie sich jedoch bereits drei Monate später wieder scheiden ließ, da er ihr gegenüber gewalttätig wurde. Auch von den nachfolgenden drei Ehemännern ließ sie sich scheiden. Eine weitere Ehe zerbrach, weil Connie Francis Opfer einer brutalen Vergewaltigung in einem Motelzimmer wurde und mit den Folgen zu kämpfen hatte. Das Erlebnis verfolgte die Künstlerin so nachhaltig, dass sie eine bipolare Störung entwickelte. Mehrfach war sie deswegen in psychiatrischer Behandlung.« (Interview mit Larry King)[1]

Als ich das las, war ich zum einen irritiert und zum anderen erleichtert. Irritiert war ich, weil ich in dieser Petticoat-verkleideten, auf Stöckelschuhen durch die Kulisse staksenden 25-Jährigen nicht nur ganze Generationen unserer Mütter und Großmütter gespiegelt finde – sondern auf völlig überzeichnete Weise den tragischen Irrtum, der bis heute unsere Sehnsucht nach der großen Liebe prägt.

So schlicht der Text, so entlarvend sein Muster:

Die Liebe ist ein seltsames Spiel. Sie kommt und geht von einem zum andern. Sie nimmt uns alles, und sie gibt uns viel zu viel ...

Ja, furchtbar! Der Erlösungsort Liebe entpuppt sich hier als ein gauklergleicher Hüpfer von Ast zu Ast, da küsst dich der Schmetterling, um gleich weiterzuflattern. Und die junge, hübsche Frau schaut traurig hinterher, ist wieder ganz allein. Wenn wir auf die Geschichte von Connies gescheiterten Beziehungen schauen – und vor allem darauf, *wie* sie gescheitert sind, dann dürfte dieser Song nicht weit von der Lebensrealität des Schlagerstars entfernt gewesen sein. Auch nicht von der Realität unzähliger Liebes-Sehnsüchtiger bis heute. Die tiefe Sehnsucht nach Erlösung. Die Sehnsucht, dass ein Traummann, eine Traumfrau den Schmerz der Verlorenheit, der Einsamkeit heile. Die Sehnsucht, dass mich mein Partner glücklich macht.

Das ist die klassische Opferrolle. Ich delegiere die Erfülltheit meines Lebens an einen anderen. Ich hoffe, dass er mir das glückliche Leben schenkt. Und wenn ich diesen Partner finde, dann wird in dieser Art Erlösungsfantasie die Angst gleich mitgeliefert: dann »schenkt sie mir viel zu viel«, die Liebe. Denn wenn der Partner weg ist, dann ist auch meine Erfüllung weg. Was dann bleibt? Ein ich. Also nichts.

Was irritierte mich also an diesem Song, an dieser Biografie, an dieser Connie Francis? Dass sie unverblümt, ja geradezu wehrlos die Tragik von Beziehung besang, die aus dem *Ich-Reflex* geboren wird. Und sie besang sie nicht nur – sie erlitt sie auch persönlich.

Wer Liebe als ein »seltsames Spiel« erlebt, der sieht sich als Figur eines Spiels, bei dem es logischerweise immer Gewinner und Verlierer gibt. Der Gewinner »takes it all« – er oder sie bekommt Liebe, Bestätigung, Sicherheit. Vom Partner natürlich, der sich für diesen Gewinner, diese Gewinnerin entscheidet. Weshalb eigentlich? Weil er oder sie so hübsch ist, toll ist, reich ist? Tja. Diese Frage bleibt meist offen in diesem Spiel, in dem die Grundregel heißt: »Ich erwarte von meinem Partner, dass er mich glücklich macht.« Im Klartext: ... dass ich genug kriege, um mich lebendig, bestätigt und erfüllt zu fühlen.

Damit beginnt das Punkte-Sammeln, das Spielpunkte-Sammeln. Da wird der Partner ganz genau bewertet: Wie nett war er? Wie aufmerksam? Wie kreativ? Hat er mich zum Lachen gebracht? Wie sehr hat er sich auf mich eingestellt, meinen Erwartungen entsprochen?

Das Punkte-Sammeln geht vielleicht eine ganze Zeit gut. *»Bis plötzlich alles so verändert war ... Doch dann hast du erneut dein Herz verloren. Nur darum bin ich wieder einsam heut«.* An wen »verliert« man in diesem Reigen sein Herz? An einen Menschen, der »irgendwie anders« ist – anders hübsch, anders toll, anders reich, jemand, der keine Punkte sammelt? An einen Menschen, der das eigene Leben endlich mal wieder zum Pulsieren bringt?

Damit haben wir die klassische und letztlich plumpe Erklärung für das Fremdgehen formuliert: Der Partner ist halt nicht mehr das, was man erwartet hat. Alles so eingeschlafen, öde, dann kam der Streit dazu, auch weil die Punkte gegenseitig aufgerechnet wurden. Dann doch lieber das Neue, Unverbrauchte, das zumindest für eine gewisse Zeit den Kick, die Erfüllung verspricht. Der eine *verliert* also sein Herz, der andere leidet: Die Liebe nimmt uns alles.

Das Muster ist klar. Die Liebe ist ein Spiel, die Liebe ist ein Deal. Ich kriege, was ich für meine Erfüllung brauche, wenn ich gebe, was der andere für die seine zu brauchen meint. Ein Spiel, in dem einer der Spieler beim Punkte-Sammeln leicht ins Hintertreffen gerät. Kriege ich genug? Investiere ich zu viel – in Abwägung zu dem, was ich kriege? Und wenn ich meine, ständig zu kurz zu kommen, dann trete ich eben zu. Aus Frust, Verletztheit, aus enttäuschten Träumen. Dann gibt es das erste Foul. Und dann das zweite. Der Funkenflug. Der Dauerstreit. Alles dahin. Wertschätzung, Respekt, Wohlwollen? Na ja, das könnte mein Partner ja sehr gerne haben … wenn er mir ordentlich Spielpunkte lieferte. Wenn nicht, dann wird gefoult. Dann versuche ich ihn zu zwingen. Vorwürfe, Klagen, Abstrafung. Und dann, wer hätte das gedacht: die Trennung.

So viel zu meiner Irritation, als ich die Biografie der Connie Francis las. Gerade, weil die 50er-, 60er-Jahre in ihrem plumpen Scherenschnitt der Gefühle jede Liebessehnsucht karikierten, empfand ich den Spielmacher, den *Ich-Reflex*, als Blockierer von gelingender Beziehung so überdeutlich klar.

Was mich zugleich erleichterte?
Auch wenn es uns vielleicht niemand lehrte, wie das
geht, den *Ich-Reflex* in Liebesdingen auszutricksen –
das Leben selbst ist ein wunderbarer Lehrer. Wenn wir
denn sensibel für seine Botschaften sind. Auch wenn sie
wehtun. Leidvolle Erfahrungen scheinen nun mal bester
Dünger für seelisches Wachstum zu sein.

Von denen blieb ich weiß Gott nicht verschont. Danke,
Leben! Denn wie ich bereits beschrieb – mit stabilem
Selbst-Bewusstsein war ich als Kind nicht wirklich ge-
segnet. Woher also nehmen und nicht stehlen? Mit
der Pubertät kam da ein großartiger Booster. Es galt,
den eigenen Marktwert weit in die Höhe zu treiben, so
attraktiv und begehrenswert wie möglich zu sein. Die
Hormon-Explosion half enorm. Doch was war das, was
wir damals mit größter Intensität betrieben? Und sieht
das heute irgendwie anders aus, in Zeiten der Ich-Op-
timierung per Facebook-Account? Pubertät bedeutet
extremer Wettbewerb: Wo stehe ich im Ranking der
heißesten Mädchen? Umgekehrt gilt für die Jungs: Wer
ist der coolste Kerl – und wer steht ganz hinten?

Nüchtern betrachtet handelt es sich um die Fortsetzung
der Kindergarten-Selbsterfahrung mit anderen Mitteln – und ausschließlich um die im Außen. Ich lernte
also rapide, was mich für das andere Geschlecht be-
gehrlich machte. An erster Stelle die Optik, logisch. Der
Zielgruppe angepasst musste sie sein. Da mir die bra-
ven Jungs natürlich nicht cool genug waren, musste das
Gegenteil her. Anfang der 70er hieß das lange Mähne,
Parker, Boots und Jeans. Was heute ein mittelstarkes
Gähnen bewirkt, brachte meine Eltern zur Weißglut.

Das war natürlich super. Wir halten also fest: Ich positionierte mich optisch so, wie die Zielgruppe tickte. Dazu kam dann natürlich der Peergroup-Code. Zunächst war der von klassischem Verweigern geprägt: Schule? Ballett? Tennis? Klavierunterricht? Niemals! Nachmittags abhängen auf dem Braunschweiger Löwenwall, mit Rotwein und Haschisch. Weil das dann doch schnell öde wurde, ging man dann auf die angesagten Demos gegen §218 und den NATO-Doppelbeschluss. Mit Abgrenzung gegen die Spießer ließ sich wunderbar schnell ein Gerüst fürs neue Selbst-Bewusstsein stricken. Natürlich bestand das ausschließlich aus schlichten äußeren Insignien. Doch damit ließ sich großartig ein persönlicher Marktwert generieren. Ja, ein gewisser Narzissmus kam gut an. Ein ungutes Grenzgebiet zur Arroganz, das ich als junge Erwachsene ziemlich oft betrat.

Die Selbst-Inszenierung funktionierte. Mein Marktwert war recht hoch. Besonders, weil ich ein Jahr jünger war als Klassendurchschnitt. Mein *Ich-Reflex* jubilierte. Ich rangierte schon mit 15, 16 so weit oben, dass ich zu glauben begann, ich wäre irgendwo zwischen megatoll und sensationell. Und jetzt kommt mein Dank an das Lehrstück, das Leben heißt.

Innen sah es in mir ja ganz anders aus. Da war immer noch diese vermaledeite Unsicherheit. Je stärker ich die zu überspielen versuchte, desto mehr fühlte ich mich getrieben. Ja, ich war süchtig geworden nach Anerkennung, durch die Kerle, durch die Mitschülerinnen, die Peergroup. Ich versuchte im Außen zu stabilisieren, was im Inneren nur ein kleines Würstchen war. Ich mischte mit 15 in den Sommerferien den Strand von Bournemouth auf, als meine Eltern meinten, ich würde brav von einer englischen Gastfamilie gehütet. Ich fuhr mit 16 zu meiner liebevoll-toleranten Oma nach Berlin, um mich tagelang in Kneipen zu bespiegeln. Ich zog mit 17 von zuhause aus in die Wohnung meines Freundes. Und da nagte es schon längst in mir.

Ich lebte das erste Mal in einer festen Beziehung. Jetzt ging es plötzlich um sehr viel mehr als den Flash kurzzeitiger Bewunderung. Studienbeginn, Massen-Vorlesungen, null Geld und null innere Orientierung. Das war großartig! Denn so begann ich unmittelbar den Schmerz zu spüren, den ich stets verbergen wollte, am meisten vor mir selbst. Das ging sehr schnell. Da war außen so viel los, doch plötzlich diese innere Leere. Der elementare Mangel ließ sich nicht mehr verdrängen. Und ich spürte, dass nichts im Außen, auch nicht die tollste Seminararbeit, der größte Applaus beim Jazzdance-Auftritt diesen Durst nach Elementarem, nach innerem Frieden, nach Geerdetsein stillen würde.

In dieser Zeit begegnete ich das erste Mal meiner Lebenssehnsucht. Und die stand dem diametral entgegen, woran ich unter dem Baumeister mit Namen *Ich-Reflex* bis dato gebastelt hatte. Da ich so sehr ausgekostet hatte, wie intensiv die äußere Bestätigung, Anerkennung und Bewunderung das Ego streicheln – und wie schnell das Hochgefühl des Großartig-Seins in sich zusammenfiel, öffnete sich für mich leise die Tür zu dem, was wirklich trägt.

So. Das waren im Schnelldurchlauf die Phasen jeder intensiv gelebten Pubertät. Gut, wenn sie früh den Weg nach innen ebnet. Deshalb sage ich aus tiefstem Herzen

Danke an meine Lebensschule – und kann nun erläutern, wieso ich Erleichterung verspürte, wenn ich an das Schicksal von Connie Francis denke. Dafür möchte ich FJODOR M. DOSTOJEWSKI bemühen:

Einer wird umkehren und wieder mit der Liebe anfangen.

Impulse, unsere emotionale Blickrichtung zu ändern – vom Habenwollen ins Verschenken – und damit den *Ich-Reflex* zu überwinden, liefert uns das Leben täglich und zuhauf. Wenn wir Glück haben, schubst es uns schnurstracks auf den Pfad der Erkenntnis, was Liebe alles sein kann.

Diese Liebe – in Dostojewskis Sinne – ist eine, die keine Punkte zählt. Und diese Liebe ist nicht auf Liebespaare beschränkt. Nicht das *Kriegen, Haben-Wollen* als heimlichen Motor einer Beziehung betrachten, sondern das *Wachsen-Lassen,* den liebevollen Respekt. Das funktioniert natürlich nur, wenn ich den Partner nicht als permanenten Kraftquell brauche – was eine ziemlich tiefgreifende Erkenntnis ist. Denn sofort steigen Zweifel auf: Was ist denn dann mit der Sehnsucht nach Wärme, Liebe und Geborgenheit – im Zusammensein mit einem engen Freund, mit dem Partner? Was ist mit der Sehnsucht nach Einheit, nach tiefer Nähe mit einem Herzensmenschen? Das sind alles Kraftquellen. Und die soll ich in Wahrheit nicht brauchen, nutzen wollen?

So ist es, behauptet der Schweizer Philosoph STEFAN BROTBECK:

Dir gehört nur, was du geben kannst.

Die Bewusstheit macht den feinen Unterschied. Fühle ich Nähe zu einem Menschen, dann möchte ich diese Nähe leben. Das gleiche gilt natürlich für Wärme, Liebe und Geborgenheit. Wenn mir diese Gefühle *gehören, dann kann ich sie geben*. Wenn ich sie *brauche,* dirigiert mich der *Ich-Reflex* und ich bin auf dem Weg in die Ohnmachtsfalle.

Wenn ich mich nach *Einheit mit dem Partner* sehne und dahinter steht die Sehnsucht nach der *Einheit mit dem Sein*, nach innerem Frieden, dann delegiere ich meine Lebenssehnsucht an meinen Partner. Der fühlt sich prompt überfordert. Überforderung führt zu Abwehr. Abwehr führt zu Streit und Verletzung. Deshalb macht Bewusstheit den feinen Unterschied.

Zurück zu dem, was uns den emotionalen Blickwinkel ändern lässt. Da habe ich zwei schöne Anschauungsbeispiele:

Das *Rechthaben-* und das *Den-Partner-ändern-Wollen*. Das *Rechthaben-Wollen* ist das Mensch-ärgere-dich-Spiel des *Ich-Reflexes*.

Wir spielen das ziemlich häufig, oder? Neiiiin – *Sie* doch nicht! Behaupten Sie das allen Ernstes? Dann spielen Sie bitte sofort das Spiel. Probieren Sie bewusst aus, wie es sich anfühlt, wenn einer partout Recht haben will.

Inszenieren Sie eine *Rechthaben-wollen-Situation*. Je persönlicher, individueller, desto besser.
Hier eine Idee: Es geht um eine Verabredung – mit Ihrem Partner, mit einem engen Freund. Er oder sie steht

pünktlich auf der Matte. Sie sagen: »Schön, dass du doch noch kommst!« Erstaunen. »Na ja. Wir waren vor einer Stunde verabredet.« So, und dann spielen Sie die Situation so richtig gemein durch. Sie behaupten steif und fest, Sie wären schon immer um – sagen wir – 18:00 Uhr verabredet gewesen, weil Sie ja noch den XYZ-Anschlusstermin hätten. Natürlich kommt es nun zu einer Meinungsverschiedenheit. Beobachten Sie NUR sich selbst! Scannen Sie Ihre unmittelbaren, reflexhaften Reaktionen. Ihr Freund wird sich rechtfertigen, aufrichtig nachweisen wollen, dass er oder sie nur die eine Information – Verabredung um 19:00 Uhr – hatte. Sie beharren stur auf Ihrer (gelogenen) Version. Was passiert? Eine geniale Enttarnung des *Ich-Reflexes*. Denn was fühlen Sie nun, Ihrem Partner, Ihrer Freundin gegenüber? Stress natürlich, Distanz, bis zur Verachtung. Der Abend ist hin, die Stimmung im Keller.

Wenn Sie komplett in die Rolle des Rechthabers geschlüpft sind – dann fühlen Sie sich beide total ungerecht behandelt. Jeder hat doch Recht. Da muss ein Kommunikationsfehler vorgelegen haben, keine Frage. Aber bitteschön beim anderen, nicht bei Ihnen! Sezieren wir die Situation. Ihr Vorwurf lautet: »Du hast mir eine Stunde meines Lebens geklaut. Du gehst fahrlässig mit meiner Zeit um. Ich bin dir nicht wichtig.« Bumm. Der Vorwurf Ihres Gegenübers lautet: »Du hast dich eindeutig vertan. Ich weiß hundertprozentig, dass ich mich brav an den Einladungstermin gehalten habe. Und du willst dir nicht eingestehen, dass du einen Fehler gemacht hast.« Auch Bumm.

Wenn Sie das emotionale Feuerwerk beschreiben, das in Ihnen wütet, dann sind das sicher nicht die positivsten Vokabeln. »Wie kann sie mich nur so anschreien!« »Mein Gott, ist der unsouverän«. »Aha, eine solche Kleinigkeit kann sie so zum Ausrasten bringen. Da frage ich mich doch: Wie wichtig ist ihr unsere Beziehung?!«

Sollten Sie trotz des Gefühlsdesasters zu einer gewissen Empathie in der Lage sein, dann scannen Sie auch die emotionale Befindlichkeit Ihres Gegenübers: Wut, Ohnmacht, Abwehr, Verachtung? Ja, klar.

Treten Sie jetzt einen Schritt zurück. Ist es nicht verrückt zu erfahren, wie stark eine vermeintlich gute Beziehung durch pure Rechthaberei fundamental ins Wanken zu bringen ist? Ein klassisches (von Ihnen inszeniertes) Missverständnis, das von der Sache her letztlich unerheblich ist, führt zu einem durchaus verletzenden Streit?

Spätestens jetzt lösen Sie natürlich die Spielsituation auf – wenn Sie denn überhaupt so lange durchgehalten haben – und erklären den Hintergrund dieses zugegeben bösen Experiments: Sie möchten dem *Ich-Reflex* auf die Spur kommen, und das richtig. Die Auswertung dieses Experiments kann Sie Ihrem Freund, Partner noch viel näher bringen. Muss es aber nicht. Je nachdem, wie stark Ihr oder sein *Ich-Reflex* ist (*Wie kannst du nur so ein bescheuertes Experiment mit mir machen? Hast du sie noch alle??*) Also suchen Sie sich am besten einen durchaus humorfähigen Menschen aus für dieses Spiel. Doch die Erfahrung, die Sie machen werden, ist spannend.

Ihr Verstand sagt Ihnen sofort: »Angesichts unserer guten Freundschaft oder Beziehung ging es letztlich um eine Petitesse.« Doch Ihr Gefühl sagt Ihnen: »Dieses Rechthaben, das geht ja gar nicht. So lasse ich mich nicht behandeln« – egal, was der sachlich unbestechliche Hintergrund ist.

Da wurde etwas in Ihnen reflexhaft berührt, was Sie sofort zum Gegenschlag ausholen lässt. Rechthaben-Wollen heißt: die Wahrheit abonniert haben wollen, heißt: dem anderen keinen Raum zu lassen für seine Sicht, heißt: den anderen nicht sehen zu wollen, heißt: ihn in das Gefühl von Ohnmacht zu führen, heißt: Unterwerfung zu provozieren.

Wollen Sie das einem Freund, einer Partnerin antun? Bewusst wollen Sie das natürlich nicht! Aber es passiert etwas Reflexhaftes in Ihnen, das sich nicht so einfach steuern lässt. Sind SIE das, der da reagiert, also: *Wollen* Sie *bewusst* so reagieren? Im Normalfall wollen Sie das nicht! *Es* reagiert. Ihr *Ich-Reflex* reagiert. Weil die Ebene der Liebe ausgeschaltet ist:

Willst du Recht haben – oder lieben?
(JENS CORSSEN)

Wenn Sie sofort auf die Beziehungsebene gegangen wären, auf die des Respekts und der Liebe, dann hätten Sie sich in dem Kleinkrieg der Egos nicht verfangen. Ihre Freundin hätte vielleicht so reagiert: »Ja, sag mal – kann ich mich so getäuscht haben? Glaub mir, ich würde dich niemals warten lassen! Entschuldige, wenn ich mich vertan haben sollte! Aber ich war total sicher,

60

dass wir uns um 19:00 Uhr verabredet hatten!« Wenn Sie dann weiter rechthaberisch insistieren, zwingen Sie Ihre Freundin, die Ebene des Respekts und der Liebe zu verlassen. Sie wird sich – aus dem Gefühl der Getriebenheit und der Ohnmacht heraus – heftig verteidigen. Das *Rechthaben-Wollen-Spiel* ist ein böses, ich sagte es schon. Doch es macht den *Ich-Reflex* und seine unmittelbare Zerstörungskraft enorm erfahrbar. Sie werden erstaunt sein über die Wahrnehmung, wie schwer er sich bewusst steuern lässt. Er springt sozusagen sofort automatisch an, wenn Ihr Partner Sie mit Vorwurf und Druck in die Enge treibt.

Vielleicht mögen Sie sich von nun an noch ein bisschen sorgfältiger auf die Spur kommen und sich beobachten, wie Sie sich in Situationen des Rechthaben-Wollens verhalten? Sowohl dann, wenn *Sie* sich im Recht fühlen – als auch, wenn das für Ihr *Gegenüber* gilt? Sie werden den Preis unmittelbar, ja schmerzhaft spüren, den Sie zahlen, wenn Sie im System des Rechthabers verharren.

Einer wird umkehren und wieder mit der Liebe anfangen müssen.

Was hindert uns denn daran, im Fall einer Unstimmigkeit, die ins Rechthaben-Wollen mündet, *mit der Liebe zu beginnen?*
Was macht ihn aus, diesen merkwürdigen Widerstand, den wir spüren, wenn es darum geht, den oder die andere in seiner Wahrnehmung einer Unstimmigkeit zu respektieren – und die eigene Wahrnehmung als zumindest relativ zu sehen?

Es ist der unmittelbare Reflex, sich »einen Zacken aus der Krone zu brechen«, sich »kleiner zu machen«, wenn wir einlenken, auf den anderen zugehen, weil wir die Beziehung, die Liebe als wertvoller empfinden als das Ego-Polieren durch Rechthaberei. Wenn ich im Innen voller Wärme, Liebe und Geborgenheit bin – brauche ich im Außen kein Korsett des »*Wusste ich es nicht besser?*«

Willst du Recht haben – oder lieben? Diese Frage stellt sich nur dann *wesentlich* als Frage, wenn ich den Mut entwickle, die Erfahrung der Befreiung tatsächlich zu machen. Wenn ich die Erfahrung mache, dass ein Sieg im Rechthaben weniger Erfüllung gibt als das Sosein-Lassen der Unstimmigkeit, weil die Beziehung, die Liebe doch viel schwerer wiegt.

Bei jedem Streit ziehe die Versöhnung selbst dem leichtesten Sieg vor.
(GEORG CHRISTOPH LICHTENBERG)

Den emotionalen Blickwinkel ändern.

Das zweite Spiel, das es zu entlarven gilt: das *den Partner Ändern-Wollen.* Genau betrachtet ist das natürlich alles andere als ein Spiel. Es wird als pure Notwendigkeit betrachtet. Jede lange, innige Beziehung fördert sie zutage – die Eigenschaften Ihres Partners, Ihrer Freundin, die Ihnen so richtig die Laune vermiesen. Das geht oft so weit, dass Sie sich ernsthaft überlegen, ob das auf Dauer gut gehen kann mit Ihnen beiden. So offensichtlich ist dieses fürchterliche Verhalten, es stört so schrecklich Ihr Zusammensein, dass Sie fest davon überzeugt sind: Ihr Partner *muss* sich ändern. Da gibt es keine Alternative.

Was dann geschieht, ist klar. Meist ist der andere *nicht* Ihrer Überzeugung. Oft findet er oder sie, dass im Gegenteil *Sie* völlig unbegründeten Stress machen. Er oder sie fühlt sich total falsch interpretiert, gedrängt – und vor allem missachtet. Es *stimmt etwas nicht* mit mir? Ja, wozu bin ich denn mit diesem Menschen befreundet, weshalb sind wir zusammen? Um mir sagen zu lassen, dass ich gefälligst anders sein sollte als ich bin? Na, danke. Die Tür zu einer gelingenden Beziehung fällt krachend zu. MICHEL de MONTAIGNE (ein französischer Philosoph, der 1592 gestorben ist) hatte etwas Schönes dazu zu sagen:

Die Hauptaufgabe, die wir haben, ist für jeden das eigene Verhalten. Dazu sind wir auf der Erde.

Hoppla. Hauptaufgabe? Dazu sind wir auf der Erde? Das ist ja eine geradezu schockierende Aussage.

Werden wir konkret. Nehmen wir an, eine Ihrer besten Freundinnen hätte ein besonderes Kommunikationsverhalten. Was allerdings heute sehr verbreitet ist. Sie ist zwar ständig online, aber nicht wirklich erreichbar. Sie erhalten Messages über Facebook gepostet, sie sehen per Instagram, was sie so treibt, aber Sie fühlen sich nie persönlich mit ihr verbunden. Sie schreiben ihr eine SMS. Keine Antwort. Sie mailen. Immerhin wäre das die Chance auf einen direkten Draht. Keine Antwort. Sie sprechen ihr auf die Mailbox. So was von old fashioned! Aber was soll's. Natürlich keine Reaktion. Sie geben es genervt auf.

Da klingelt drei Tage später das Smartphone. *Sie* ist dran! Schockartige Freude. Doch dann ist die Verbindung plötzlich sehr schlecht, Sie hören regelmäßiges Piepen. »Ach, du bist im Auto?« »Jaja! Ich parke gerade ein!« »Das ist jetzt nicht dein Ernst. Und gleich musst du aussteigen, weil du zum Termin musst. Weshalb rufst du mich dann überhaupt an? Ich höre tagelang nichts von dir, um dann während des Einparkens abgefertigt zu werden!« Schweigen. »Ja, tut mir leid. Ich melde mich dann wieder.« Ende.

Dumm gelaufen. Klar, denken Sie. Das ist Missachtung pur. Die kann ich vergessen. Null Wertschätzung. Soll sie sich andere Freunde suchen. Freunde, denen es reicht, wenn sie täglich Posts per Facebook von ihr bekommen!

Entscheidend ist natürlich, wie wertvoll die Beziehung für Sie beide früher war. Vielleicht haben Sie sich in völlig verschiedene Richtungen entwickelt. Sie selbst haben sich beruflich und privat entschieden, da ist ein Großprojekt im Job, und da ist der feste Partner. Sie, Ihre Freundin, hat mindestens 15 Bälle in der Luft: Privat, beruflich, und Stress mit dementen Eltern hat sie auch. Da sie sich nicht gemeldet hatte, kennen Sie den Hintergrund ihres hektischen Verhaltens nicht.

Was könnten Sie lernen aus einer solchen Situation für die Erkenntnis und den Umgang mit *Ihrem Ich-Reflex*? Ihre Freundin hat Ihren Erwartungen nicht entsprochen, die aus Ihrer schon länger bestehenden Freundschaft erwuchsen. Sie haben sich persönlich gekränkt gefühlt, weil sie sich Ihnen nicht erklärte. Ihr *Ich-Reflex* hat Sie postwendend in das Gefühl der unmittelbaren Kränkung bugsiert. Sie konnten gar nichts dagegen machen, oder? Der *Ich-Reflex* zeigt gnadenlos an, was

Sie für Ihr Wohlbefinden vermeintlich brauchen. Für die Freundin zum Beispiel heißt das: Sie brauchen die permanente Rückversicherung, dass Ihre Freundin mindestens so viel Aufmerksamkeit, Engagement, Mitgefühl in Ihre Beziehung investiert wie Sie. Wenn sie das in Ihren Augen plötzlich unterlässt, dann fühlen Sie sich massiv gekränkt.

Moment mal. *Sie* fühlen sich gekränkt? Als Mensch, Person, Charakterwesen? Oder ist es lediglich *Ihre* Erwartung der umfassenden Bestätigung durch die Freundin, die nicht erfüllt wird? Angesichts der lange bestehenden, guten Freundschaft wäre das doch zunächst einmal nicht so gravierend, oder?

Aber Sie reagieren total gekränkt. Deshalb noch einmal die Frage: Reagieren *Sie* so mitsamt all Ihrer Lebenserfahrung, Zuneigung zu dieser Freundin und mitsamt all Ihrer Entschiedenheit, Freundschaften auch durch Krisen zu steuern? Oder ist da etwas in Ihnen, das viel früher einschnappt und postwendend harsch reagiert? Weil es unbedingt bestätigt werden will, weil es nach Anerkennung und ... vielleicht nach einer Art Heilung giert? Und wenn ja: Heilung wovon?

Die Hauptaufgabe, die wir haben, ist für jeden das eigene Verhalten. Dazu sind wir auf der Erde.

Wenn Sie unser Beispiel als Übung für persönliches Wachstum nutzen wollen, dann fragen Sie sich doch jetzt: Wie hätte ich in der beschriebenen Situation reagieren können, wenn ich mein Verhalten genauso steuern würde, wie *ich* es möchte – und nicht mein *Ich-Reflex*?

Nehmen Sie sich einen Augenblick Zeit. Denken Sie nach, worüber Sie *wirklich* mit Ihrer Freundin hätten sprechen wollen, in dieser merkwürdigen Situation des Einparkens mit Piepen. Was wäre Ihnen ein *Herzensanliegen* gewesen in diesem Moment?

Mit großer Wahrscheinlichkeit wäre das eine völlig andere Reaktion gewesen. Sie hätten sagen können: Es tut mir leid, es klingt, als hättest du ganz schrecklich viel um die Ohren. Sicher musst du jetzt zum nächsten Termin. Sag mir, wenn ich etwas für dich tun kann!« und mit einem Lächeln in der Stimme hätten Sie vielleicht hinzugefügt: »Und sags mir vielleicht, wenn es nicht ganz so arg piept!«

Oder so etwas: »Uups! Mir wird ganz schwindlig, wenn ich deine Stimme höre, und das Sensor-Piepen noch dazu! Was ist los, was belastet dich? Darf ich dich einladen, zum Kuscheln am Kamin – mit Hunden und Rotwein? Jetzt sag mir bloß nicht, dass du keine Zeit hast für dich!«

Da wären viele, viele wunderbare Varianten möglich. Sie alle hätten *eines* gemeinsam. Ihr Verhalten ist nicht gesteuert durch das, was Sie von Ihrer Freundin erwarten – sondern durch das, was Sie für Ihre Freundschaft, für Ihre Freundin tun könnten. Und schon schrumpft er deutlich, der *Ich-Komplex* in Ihnen. Denn *Sie* steuern Ihr Verhalten. Nicht er. Beschleicht Sie vielleicht sogar ein Gefühl der Befreiung, wenn Sie das lesen?

Und was wird Ihre Freundin empfinden? Zunächst das Gefühl, dass sie so sein darf, wie sie gerade ist, eben nicht sehr freundschafts-kompatibel. Sie spürt, dass Ihnen die Freundschaft, die Zuneigung wesentlich wichtiger sind als ihr eigenes aktuelles, ignorantes Verhalten. Sie spürt, dass Sie *nicht* von ihr erwarten, ihren aktuellen Stress für Sie verdrängen zu müssen. Sie fühlt sich angenommen in dem, was und wie sie jetzt gerade ist – und kann ein herzliches Angebot von Ihnen zum Abend am Kamin mit Freuden annehmen.

Also seien Sie wachsam: Wenn Sie demnächst wieder ganz stark den Impuls erleben, Sie müssten einem Freund, einer Partnerin mal so richtig die Leviten lesen, weil er oder sie sich unmöglich verhält, dann spüren Sie diesem Impuls sehr nüchtern nach. *Wer* ist da genervt? Sind *Sie* das? Was hält Sie davon ab, die wirklich wichtigen Fragen an Ihren Partner zu stellen? Treibt Sie da ein gewisser Reflex, den Sie meinen, nicht steuern zu können? Trainieren Sie, nicht Ihr Gegenüber – sondern Ihr *eigenes Verhalten* zu ändern! Sie werden erstaunt sein, wie viel Nähe und Freundschaft entstehen wird – auch in anstrengenden, stressigen Situationen.

LOUIS PASTEUR geht da noch einen Schritt weiter:

Die Schlauen geben keine unerbetenen Ratschläge, die Weisen geben noch nicht einmal erbetene Ratschläge.

Wie? Soll das heißen, mein Lebensgefährte, mein Ehemann soll sich einfach so entwickeln, wie er oder sie das für gut und richtig hält, ohne mich einzubeziehen? Genau. Beziehung als Wachstumsort, nicht als Erlösungsort, sagt der Psychologe und Coach JENS CORSSEN. Das bedeutet nicht, dass man sich als Paar nicht intensiv austauschen sollte. Doch ergebnisoffen. Beide fühlen sehr klar, dass die Grundlage ihrer Liebe die Freiwilligkeit ist – und damit eine, ja, ich spreche es aus: eine spirituelle Herausforderung. Eine Beziehung als Wachstumsort ist ein Bekenntnis zur inneren Freiheit. Dazu später noch mehr.

Die Ehe ist ein seltsames Spiel. Entweder gewinnen beide – oder keiner.
(PETER E. SCHUMACHER)

Am Ende des Kapitels wieder eine kleine Übung für das innere Erwachen:

SEI EIN SPIEGEL

Spiegel reflektieren detailgenau ihr Gegenüber. Ein Spiegel setzt nichts hinzu, nimmt nichts weg. Er hat kein Interesse zu verändern oder zu verfälschen.

Üben Sie sich im Spiegeln der Mitmenschen, die Ihnen nahe sind. Und leisten Sie sich blinde Flecken dabei. Spiegeln Sie Positives, spiegeln Sie gute Stimmung, Entspanntheit, Zugewandtheit, Wärme, Kreativität, Humor, Leichtigkeit etc.

Die blinden Flecken leisten Sie sich, wenn da Negatives gespiegelt würde. Üble Laune, Ungeduld, Nörgelei, Neid, Arroganz .... Sie sehen das, aber Sie spiegeln es nicht. Negatives trifft bei Ihnen auf den blinden Fleck. Sie lassen sich nicht berühren, Sie reagieren nicht, Sie ignorieren, entspannt, ohne abzuwehren.

Beobachten Sie, wie Ihr Gegenüber reagiert. Beobachten Sie *Ihre* Gefühle.

Könnte es sein, dass Sie der Stress, die Genervtheit Ihres Partners nun nicht mehr erreicht? Und zugleich stärken Sie die Verbindung, indem Sie auf Positives positiv reagieren? Könnte es sein, dass der Impuls versandet, den Partner unbedingt zu einem anderen Verhalten zu zwingen? Und das fühlt sich ganz stark nach Entspanntheit, ja geradezu nach Befreiung an?

4

MULTITASKING – WER BIN ICH
UND WENN JA, WIE VIELE?

Alles auf einmal tun zu wollen, zerstört alles auf einmal.
(GEORG CHRISTOPH LICHTENBERG)

Ich bin auf jeden Fall schon mal zwei. Mein Smartphone ist mein Alter Ego. Ohne Übertreibung, und das dürfte für Sie genauso gelten: Wann haben Sie das letzte Mal einen Tag ohne Ihr Smartphone verbracht?

Längst habe ich es vom kommunikativen Begleiter zum unentbehrlichen Assistenten bis hin zum Dirigenten wesentlicher Alltagssituationen befördert. Das App-Mosaik auf seinem Startbildschirm verrät sämtliche meiner Organisations- und Informations-Interessen. Flugplan-App, Deutsche-Bahn-App, Mytaxi, Münchner Busse und Bahnen, Google Maps. Flightradar, Inrix, Airport-Apps – für das Reise-Management. Sekretariat war gestern. Digital alles selber machen ist heute.

Weiter im App-Mosaik. Nachrichtensender, mehrere E-Paper-Tageszeitungen, italienisch-deutsches Wörterbuch, Homebanking, Buchungs-App fürs Fitnessstudio. Stress-Check, Soundhound zur Musiktitel-Erkennung, Weinlabel-Erkennung. SpeedSpot, um die WLAN-Stärke zu erkunden. Seit Neuestem Alexa von Amazon, die mir freundlich säuselnd viele meiner Wünsche direkt auf Ansprache erfüllt. Und, und, und.

Es war ein schleichender Prozess und alles andere als eine bewusste Entscheidung, doch die Sache ist klar: Ich habe mich von meinem Smartphone abhängig gemacht. Letztens ertappte ich mich dabei, wie ich es sogar mit in den Hühnerstall nahm. Das brachte mich auf eine schlichte, aber erkenntnisreiche Idee.

»Digital detox« – natürlich steht das ständig auf meiner inneren Themenliste. Besonderes Sendungsbewusstsein habe ich da vor allem in Richtung meines Mannes, der aus beruflichen Gründen quasi 24/7 an seinen drei Geräten hängt. Besagte Idee nutzte ich dann allerdings doch nur für mich. Ich entschied mich, bewusst und für eine längere Zeit – sagen wir eine halbe Stunde – *ohne* Smartphone zu den Hühnern zu gehen. Für meinen Mann wäre das schwer vorstellbar. Das klingt ja auch etwas skurril, war aber verblüffend. Ich setze mich nämlich zum Meditieren oder Nachdenken – beispielsweise über das nächste Kapitel für dieses Buch – gerne zu meinen gackernden Dreizehn. Das gelassene Gepicke, Gegurre, Gescharre und gelegentliche Rangordnungs-Gehacke, dazu der liebenswert umsorgende und noch dazu prächtige Hahn ... Ich tauche ab in einen Wunderwinkel der Natur. Ein Ort der Inspiration, der Vertiefung. Ein Ort der Verbundenheit mit dem Sein.

Ich machte nun also mit mir selbst das »Huhn-Experiment«. Einmal für eine halbe Stunde *mit* und einmal für eine halbe Stunde *ohne* Smartphone im Gehege. Ich achtete dabei auf meinen inneren Geigerzähler für Frieden,

Bewusstheit und Erfüllung. Und wer hätte das gedacht: *Ohne* Smartphone schlug dieser Geigerzähler deutlich stärker aus.

Ich musste mir eingestehen: Halbbewusst war ich in Anwesenheit dieses Miniatur-Dompteurs tatsächlich ständig auf Empfang geschaltet. Das Smartphone hat sich offenbar klammheimlich einen Zugang zu meiner Aufmerksamkeit erobert, der sich frecherweise meiner Kontrolle entzieht. Es verführt mich dazu, permanent zu scannen: Was ist denn neu reingekommen an Messages, News, an terminlicher Erinnerung. Was treibt mich da? Ist es Pflichtbewusstsein? Oder die plumpe Neugier? Es könnte mir ja etwas Wichtiges entgehen. Natürlich war mir das schon *vor* dem Huhn-Experiment bekannt. Doch was mich dann doch erstaunte, war mein Geigerzähler. Ich habe also meinem Smartphone halbbewusst erlaubt, sich wie ein Filter über meine Wahrnehmung zu legen. Ein gewisser Teil meiner Aufmerksamkeit blieb bei dem Ding, obwohl ich doch meinte, ganz beim Huhn zu sein. Es gelang mir, die Klarheit meines Bewusstseins, die Kraft der Gegenwart deutlich intensiver zu erspüren, wenn mein Alter Ego nicht in meiner Nähe war.

Dabei gehöre ich ganz und gar nicht zu den *heavy usern*. Ich habe mich früh entschieden, auf Facebook nur sporadisch und auf LinkedIn gar nicht aktiv zu sein. Das Zeitinvestment ist mir viel zu hoch, um Facebook-»Freundschaften« zu pflegen oder berufliche Netzwerke so zu nutzen, dass sie Sinn und Nutzen bringen.

Aber zurück zu meinem Alter Ego, zu Smartphone und iPad. Ich kann diese Tools also auch als Bewusstseinsübung nutzen – wenn ich denn aufmerksam und achtsam bin. Ich kann mir bewusstmachen, wie sehr sie mich steuern und am unsichtbaren Nasenring durch mein Leben ziehen. Auch wenn ich sie brav zwischendurch ausschalte oder weglege im Zusammensein mit Freunden oder Familie: Heute übe ich täglich die Befreiung vom Nasenring. Es geht mir um die innere Haltung, darum, in jedem Augenblick meines Lebens im Driver Seat zu sein. Ich weigere mich, meine Aufmerksamkeit auch nur zu zehn Prozent von anderem steuern zu lassen. Schon gar nicht von einem digitalen Gerät.

In diesem Augenblick, beim Schreiben dieser Zeilen, macht es Gong. Eine neue E-Mail. Dann macht es Ding-Dong, eine wichtige Meldung der Nachrichten-App. Es macht das berühmte Ping. Nicht eine Millisekunde erlaube ich mir, dem Impuls nachzugeben, meinen gedanklichen Faden zu unterbrechen und nachzuschauen, was mir das Teil denn jetzt gerade sagen will. Deshalb schalte ich die Meldetöne ganz bewusst nicht aus. Ich will mich gründlich desensibilisieren, und das für jegliche Lebenssituation.

Jetzt sagt sich der eine oder die andere von Ihnen: »Was die für Themen hat. Man merkt wirklich, dass sie kein *digital native* ist.«

Stimmt. Das bin ich nicht. Ich bin ein Babyboomer – viel zu alt, um mit Schnuller und iPad aufgewachsen zu sein. Und wenn ich ehrlich bin, also *ganz* ehrlich, dann ist genau das schönster Nährboden für meinen *Ich-Reflex*. Denn ich zähle zu denen, die man abschätzig in die Schublade der *digital immigrants* packt. Will heißen:

Gegenüber denen, die qua Geburtsjahr nach 1980 zu den »Ureinwohnern« des schönen neuen »Digitalien« gehören, bin ich als deutlich Ältere die tumbe »Einwanderin« – mit den entsprechenden Defiziten.

Diese nicht wirklich elegante Sortierung der User – die einen ins Töpfchen, die anderen ins Kröpfchen – hat MARC PRENSKY, amerikanischer Bildungsexperte, schon vor über 15 Jahren in die Welt gesetzt. Ich muss gestehen, es fällt mir nicht ganz leicht, mich selbst als *digital immigrant* zu definieren. Noch weniger gefällt es mir, wenn mich die Generation der *digital natives* mein Unvermögen deutlich spüren lässt, so nachsichtig und geduldig sie sich auch oftmals geben mag ...

Der »Einwanderer-Komplex« nagt unterschwellig auf zwei Ebenen am Selbstbewusstsein. Die eine Ebene ist die technologische, klar. Obwohl ich so ganz ohne intellektuelle Defizite Kongresse und Podiumsdiskussionen zu Themen wie »Industrie 4.0« oder »Autonomes Fahren«, »Künstliche Intelligenz« moderiere, muss ich mir ständig die jüngsten Updates meines Laptops erklären lassen, brauchte ich Unterstützung, als ich auf Instagram zu posten begann und kann bis heute meine Homepage nicht selbst programmieren. Mist!
Da hilft natürlich nur eins, nämlich schonungslos in den Lernmodus zu gehen und demütig regelmäßig um Nachhilfe zu bitten. Eine schöne Übung, die der *Ich-Reflex* so gar nicht mag und deshalb umso wirkungsvoller.

JOHN STEINBECK, der US-amerikanische Nobelpreisträger für Literatur, hat meine digitale Hausaufgabe sehr nüchtern umschrieben:

Die Zukunft ist meist schon da, bevor wir ihr gewachsen sind.

Doch es kommt noch schlimmer. Denn das stete Bemühen, dem Tempo der Technologie-Entwicklung einigermaßen elegant hinterherzuhecheln, stellt ja nur die eine Hälfte des Einwanderer-Komplexes dar. Die andere Hälfte trifft mich viel tiefer, ja sie wirkt geradezu beschämend, denn PRENSKY und viele nach ihm unterstellen uns etwas Älteren, neuronal auf Schneckenniveau zu sein. Das ist natürlich eine kolossale persönliche Erniedrigung . ...

PRENSKY erklärt nämlich die jungen Eingeborenen als mental klar überlegen. Sie seien viel schneller in der Lage, Informationen zu verarbeiten und, sie seien zu echtem Multitasking fähig. Sie wüssten hervorragend, wie man vernetzt mit anderen arbeitet, wären also quasi automatisch teamfähig, sie seien risikobereiter als wir, wagten das Scheitern und hätten keine Scheu vor dem Neustart. Wer halt schon als Dreijähriger computerspielend Krokodile abschoss und anschließend selbst gefressen wurde, hält nicht an plumpen Hütchenspielen fest. Die Jüngeren sind also mental ganz anders drauf: flexibler, offener, angstfreier, experimentierfreudiger und und und. Eine wirklich beleidigende Gegenüberstellung!

Wir älteren Einwanderer seien dagegen langsam im Denken, wir täten ein Schrittchen nach dem anderen, wir könnten nur *eine* Aufgabe bearbeiten, nicht mehrere parallel, wir würden sogar noch Texte ausdrucken, um sie zu bearbeiten! Wir könnten zudem nur deutlich kleinere Informationsmengen verarbeiten als die Eingeborenen –

und wären risikoscheuer, könnten mit Scheitern nicht umgehen, würden an Gewohntem festhalten und Neuem gegenüber prinzipiell skeptisch sein. Ja, grauenhaft!

Doch es kommt noch schlimmer: Wir Älteren, also Zurückgebliebenen, könnten ja gar nichts für unsere mentale Schwäche, denn es handele sich um ein »brain gap«, um eine »Kluft zwischen zwei Gehirntypen«. Die Gehirne von *digital natives* und *digital immigrants* seien nämlich grundsätzlich verschieden verdrahtet.

Halleluja! Das klingt nach klassischer Ohnmachtsfalle. Die These: Das menschliche Gehirn werde ja nun mit Abstand am stärksten in der Kindheit geformt. Wachsen Kinder mit Smartphones, Computern und Playstations auf, würden ihre neuronalen Verschaltungen völlig anders verdrahtet als in der Generation der Schnurtelefonbenutzer. Die Eingeborenen könnten daher schneller auf visuelle Stimuli reagieren, schneller Entscheidungen treffen, irrten öfter, korrigierten sich aber schnell. Damit funktionierten sie wesentlich effizienter. Permanentes Training am PC macht's also möglich. Auch wenn die blödesten Websites und die brutalsten Computerspiele die Übungsfelder sind.

Da stehen wir Oldies im wahrsten Sinne des Wortes blöd da. Und so fühle ich mich auch, wenn mein junger Kollege, der noch nicht mal Computerfachmann ist, per TeamViewer auf meinem Laptop ein Problem behebt. Wenn ich verfolge, in welchem Tempo er die Maus über die verschiedenen Benutzeroberflächen jagt, neige ich zur digitalen Depression. Nie, nie wäre mir eine solche Fingerfertigkeit gegeben! Abgesehen davon, dass jede

Menge Programmier-Fachwissen die flinken Finger meines geschätzten Kollegen führt. Na klar: Meine Gehirnleistung ist dagegen ein Kinderkarussell.

Doch nicht verzagen, die nächste Studie fragen! Die hebt glücklicherweise mein Selbstbewusstsein fast schon wieder auf Normalniveau. Neurowissenschaftler und Arbeitspsychologen haben über Jahre hinweg das wunderbare »Multitasking« der *digital natives* untersucht. An der Universität von Utah, USA, ließ man Versuchspersonen am Steuer eines Autos – genauer gesagt, eines Fahrsimulators – telefonieren oder SMS verfassen. Das Ergebnis: Auch bei den Eingeborenen sank die Leistungsfähigkeit um mindestens 40%, die Fehlerquote entsprach der von betrunkenen Autofahrern – und der Stresspegel stieg erheblich.

Die Erklärung lautet: Neurobiologisch gibt es gar kein Multitasking. Das Gehirn wechselt zwischen zwei Aufgaben, die hohe Konzentration erfordern, einfach hin und her. Und so kommt es beim Hin- und Herschalten zu Aufmerksamkeitslücken, zur hohen Fehlerquote. Ich atme auf.

Wenn allerdings eine der Tätigkeiten keine hohe Konzentration erfordert, also quasi eine Routineübung ist wie Bügeln, Putzen, Autowaschen, dann wird diese Tätigkeit sozusagen ausgeblendet – und man kann sich parallel zu dieser Erledigung auf ein Telefonat konzentrieren. Geschirrspülmaschine ausräumen mit dem Smartphone am Ohr – kein Problem! Was ist nun aber mit der vielzitierten – und auch klar erlebbaren – digitalen Überlegenheit des Eingeborenen-Gehirns?

Studien zeigen, dass Kinder, die ausnehmend viel Zeit an der Playstation und am Smartphone verbringen, später durchaus den Einwanderern in vielen digitalen Techniken überlegen sind. Doch es rächt sich, dass sie ihre Kindheit kaum für Sport, Lesen, Musizieren oder einfach für Gespräche genutzt haben. GARY SMALL vom »Memory and Aging Research Center« an der Universität von Los Angeles hat bei solchen *heavy user kids* eine »Schwächung der neuronalen Schaltkreise, die für zwischenmenschlichen Kontakt zuständig sind« entdeckt. Ihnen falle es schwer, sich länger auf eine Sache zu konzentrieren und aufmerksam zuzuhören. Sie zeigten einen »Zustand fortgesetzter partieller Aufmerksamkeit«. Was bedeute, dass ihr Gehirn permanent Ausschau nach neuen Stimuli halte. Die Fähigkeit zu Entspannung, zu Kontemplation werde nicht neuronal programmiert und die Aufmerksamkeitsstörung ADHS trete deutlich vermehrt auf.

Jetzt bin ich natürlich versucht zu triumphieren. Genauer gesagt: So möchte sofort mein *Ich-Reflex* reagieren. Ätsch! Ich habe gar kein digitales Defizit! Weder technologisch noch neurologisch! Alles hysterische Medien-Übertreibung! Dahinter versteckt sich natürlich der liebgewonnene Impuls, mich selbst zum Maßstab der Dinge zu machen. Realistische Selbsteinschätzung? Kritischer Wille zur Veränderung? Überflüssig.

Der US-amerikanische Mathematiker NORBERT WIENER bringt mich da sofort wieder ins Lot:

Wir haben unsere Umwelt so radikal verändert, dass wir uns jetzt selber ändern müssen, um in dieser neuen Umwelt existieren zu können.

Und natürlich werde ich mich verändern .... müssen, denn die Defizite lassen sich nun mal nicht verleugnen. Es gilt, eine Haltung einzunehmen zu meiner eingeschränkten Digitalkompetenz – und mir ein Ziel zu setzen. *Wie viel native* möchte ich werden – und *wie viel immigrant* möchte ich bleiben? Die wichtigste Frage: Was soll mich dabei leiten? Welches innere Ziel?

Da sind wir beim Thema *Lebenssehnsucht*, dem wir uns später noch intensiver nähern werden. Nehmen wir an, unser tiefes inneres Ziel sei so etwas wie Gelassenheit, in sich selbst ruhen, Angstfreiheit, innere Stärke. Die Welt um uns herum scheint diese Sehnsucht allerdings zu ignorieren. Sie hat mit dem, was wir vielleicht als Voraussetzung für die Erfüllung unserer Sehnsucht sehen, mit den Mustern, mit denen wir *immigrants* aufgewachsen sind, nicht mehr viel zu tun. Linearität, Voraussagbarkeit von schulischer und beruflicher Laufbahn gibt es nicht mehr. Lokalität, Verwurzelung an Orten, ist seltener möglich. Wer etwas erreichen möchte, wechselt die Orte, die Partner und die Herausforderungen. Und wer nicht so tickt, ist ganz schnell raus aus dem Spiel.

Die Anforderungen des Alltags werden komplexer. Sogar das gute, alte Bahnfahren wird digital. Was ich sagen möchte, ist vielen eh schon klar: Die Alltagsstruktur, die uns Ältere prägte, löst sich langsam auf. Wir leben in einer Welt der zunehmenden Unübersichtlichkeit, abnehmender Planbarkeit und enormem Anschwellen von Komplexität. Für diese Herausforderungen scheinen die Fähigkeiten und auch Gehirnstrukturen der *digital natives* deutlich besser programmiert zu sein.

Was soll uns also leiten in dieser *neuen Welt*, wie können wir die Fähigkeit entwickeln, die der Titel dieses Buches signalisiert, nämlich *der Leuchtturm unseres Lebens* zu sein? Und diese Frage gilt für beide Spezies – für die *natives* und für die *immigrants*. Nur die sich daraus ableitenden Fragen unterscheiden sich.

Die *natives* könnten sich fragen, wie sie als Jonglierer der Kurzzeit-Stimuli verschiedener Medien- und Erfahrungswelten lernen könnten, zuzuhören, Einfühlungsvermögen und ein Gespür für das Wesentliche zu entwickeln. Wir *immigrants* könnten uns fragen, wie wir das neue, »technologieaffine« Denken – das ja sehr viele ordentlich beherrschen – zu einem Navigator machen könnten für unsere innere Haltung zu Unsicherheit, Komplexität und Widersprüchlichkeit der Gegenwart ... und wie wir zugleich ein Gespür für das Wesentliche entwickeln.

Der US-Religionswissenschaftler MARTIN E. MARTY hat da etwas Wertvolles für uns:

Erfolgreiches Leben ist eine Reise zur Einfachheit und ein Triumph über Unordnung und Verwirrung.

Was aber, wenn die Welt voll *Unordnung und Verwirrung* ist? Wenn die alte Ordnung sich auflöst und keine neue erkennbar ist? Dann bleibt uns nur, *im Außen* mit dem Komplexen, Unvorhersagbaren, Unsicheren zu leben und *im Innen* unbeirrt die Reise zur Einfachheit anzutreten. Und das heißt für unser Thema der digitalen Identitäten: *Wir alle* üben die Fertigkeiten, die wir brauchen, um den digitalen Wandel mit zu steuern, ihm nicht ausgeliefert zu sein. Den *digital natives* wird das viel leichter fallen als den *digital immigrants*. Die gute Nachricht für uns digitale Oldies ist, dass die Hirnleistung hervorragend trainierbar ist, auch wenn sie völlig neue Parameter erfordert. Wir holen digital auf, aber es strengt uns wesentlich mehr an als die Eingeborenen.

Und für diese, die *digital natives,* verkündet der renommierte Trendforscher MATTHIAS HORX: *Es gibt keinen Trend ohne Gegentrend.* Nimmt man die Suchbegriffe zum Maßstab, die bei GOOGLE führend sind, dann spiegelt sich genau das: Bis 2013 war »Multitasking« ganz vorn. Seitdem aber hat sich »Achtsamkeit« an die Spitze gesetzt. Was das bedeutet?

Die beiden »Gehirntypen«, die ich vorhin etwas holzschnittartig gegenüberstellte, bewegen sich aufeinander zu. *Digital natives ver*suchen, dem Hunger nach fortgesetztem Stimulus Entschleunigung und Vertiefung entgegenzusetzen. Und *digital immigrants* üben sich im digitalen Tanz mit der hochkomplexen Realität …

… was den *Ich-Reflexen* beider Generationen eine ordentliche Beißhemmung versetzt. Wenn wir respektvoll zur Kenntnis nehmen, dass sich sowohl »Junkies« als auch »Oldies« auf ein ähnliches Ziel hinbewegen – nämlich Digital-Kompetenz mit der Fähigkeit zur Empathie und Achtsamkeit zu vereinen –, gibt es keinen Anlass für die Arroganz des Sich-besser-und-überlegen-Fühlens.

Das klingt doch schön – und zugleich ziemlich abstrakt. Vielleicht auch realitätsfern, weil ich voraussetze, dass wir uns bewusst mit all dem auseinandersetzen, was die digitale Transformation sowohl *im Außen* als auch *im In-*

nen mit uns macht – und dass wir die Steuerung auch in der digitalen Durchdringung aller Lebensbereiche selbst bestimmen könnten. Doch bis zum Beweis des Gegenteils bleibe ich dabei.

Und was heißt das ganz praktisch, für mein tägliches Leben? Das allgegenwärtige Digitale ist ein großartiges Übungsfeld für das Training von Eigenmacht. PAPST JOHANNES XXIII. gibt uns die Anleitung dazu:

Wahre Macht zeigt sich darin, dass man etwas unterlässt, was man ohne weiteres tun könnte.

Auf dem modernen digitalen Übungsfeld finden wir zigtausende kleine und größere Stimuli, die uns verlocken: »Schau hier rein, triff den dort – und vor allem: Mach dich groß!« So hemmungslos unzählige Facetten austesten, die wir haben könnten, wie wir sein könnten – auf einem virtuellen Spielplatz der Eitelkeiten und dann auch noch Rückmeldung von Unzähligen dazu erhalten – so viel Ausleben von Ich-Fantasien war noch nie. Ein Bekannter von mir ist auf Facebook der Sonnyboy, auf LinkedIn der Businessman und auf Tinder der smarte Hecht. Wer bin ich und wenn ja, wie viele? Probiere es aus, schau, wie du ankommst im Netz, wer dich liked und wer in Kontakt tritt mit dir!

Die ganze Welt – ganz nah. Du kannst im Netz mit dem Motorrad um den Grand Canyon knattern, du kannst in Horrorwelten und pornografische Dimensionen abtauchen, die deine Vorstellungskraft weit übersteigen – und du kannst dich zu Kochrezepten und Strickmustern austauschen. Da ist die tägliche millionenfache Verführung –

und du bist der Spieler. Kein Scherz: Den tiefen Sinn des Spiels hatte bereits Papst Johannes XXIII. definiert:

Wahre Macht zeigt sich darin, dass man etwas unterlässt, was man ohne weiteres tun könnte.

Es geht um das Spiel des Unterlassens. Noch nie war die Herausforderung so groß, sich auf das Wesentliche zu fokussieren. Je mehr Verführung im Außen, desto stärker das Gefühl der Befreiung, wenn ich lerne, selbst die Priorität zu setzen.

Der Zeitforscher JONAS GEISSLER legt uns nahe, »Let it be«-Listen zu erstellen. Er empfiehlt uns also, sehr bewusst zu trainieren, was wir *nicht* tun wollen. Auf die digitale Welt der Wunder bezogen heißt das: Wo bin ich bewusst *nicht* dabei, was schau ich mir *nicht* an, wo kann ich dann auch bewusst *nicht* mitreden?

Worauf fokussiere ich mich im Netz? Auf bestimmte Seiten, die meinem tiefer liegenden Erkenntnisinteresse entsprechen? Gehe ich vielleicht auf Seiten des Bewusstseinslehrers Eckhart Tolle – oder doch lieber auf das crossmediale Radioprojekt zu Psychologie, Lebenskunst und Philosophie RADIO 39? (Kleine Eigenwerbung am Rande – hier arbeite ich mit.)

Je größer die Vielfalt, desto bewusster die Auswahl. Das – so der päpstliche Hinweis – verleiht uns *wahre Macht.* Es ist die Macht der bewussten Wahl unserer Lebensthemen. Es bedeutet Eigenmacht anstelle von Fremdbestimmung. Und es bedeutet tägliches Training im *Unterlassen,* im *let it be.*

Ich selbst übe das Unterlassen tatsächlich täglich, auf allen Ebenen der vielen Möglichkeiten, die uns unsere hochentwickelte Wohlstandsgesellschaft bietet. Ich setze mir zum Beispiel möglichst feste Zeiten für E-Mails und andere Netzaktivitäten. Ich teile mein Leben mit ausgewählten Menschen auf WhatsApp. Ich sorge für tägliche Zeit in der Natur, mit meinen Tieren – und für das Gespräch mit engen Freunden. Vieles andere fällt unter *let it be.* Serien schauen auf Streaming-Diensten? In den Weihnachtsferien mal, mit großem Vergnügen, gern mit mehreren Freunden zusammen. Einfach mal surfen im Netz, mal schauen, was die anderen so treiben, was es Neues gibt? *Let it be.* Tagespolitische Informationen? Bewusst gewählt auf zwei E-Paper-Tageszeitungen, egal, wo ich bin. Nichts anderes. Und ebenfalls bereits erwähnt: Ich übe täglich, mir die reflexhaften Reaktionen auf fordernde Rufzeichen meiner smarten Begleiter abzutrainieren. Mein iPad ist kein Baby, dessen Signale zu Recht Kümmerreflexe auslösen würden. Es ist ein digitales Hightechprodukt, das größten Nutzen birgt – und größtes Suchtpotenzial.

Welches Ziel verfolge ich also?
Erfolgreiches Leben ist eine Reise zur Einfachheit und ein Triumph über Unordnung und Verwirrung, sagt Prof. MARTIN E. MARTY von der Universität Chicago – und das gilt besonders in komplexen Zeiten. Mein innerer Kompass steht auf »wahre Begegnung« mit Mensch, Tier und Pflanze – und mit der Kraft, die in uns allen wirkt. Ich bin nicht bereit, meine Poren der Wahrnehmung für das geniale Geschenk des Lebens verstopfen zu lassen vom unendlichen Angebot der Möglichkeiten, sich selbst zu vergessen. Und ich hoffe, dass ein Training wie die-

ses nicht nur Einwanderer in dem schönen, neuen Land Digitalien berührt – sondern genauso die Eingeborenen. Unsere Schnittmenge ist schlicht das einfache Sein.

Zum Schluss dieses Kapitels ein weiteres Mal der Londoner E-Mail-Dienst *innerSpace – Thought for Today:* Er empfiehlt uns eine wunderbare Übung – frei übersetzt in etwa so:

Sei eine Schildkröte!

Wie Schildkröten sich sanft in ihren Panzer verkriechen – Kopf, Arme, Beine verschwinden nach innen – so wende deine Aufmerksamkeit ab von der Welt um dich herum. Ziehe dich zurück von allem, was dich beschäftigt, von deinen Gedanken, deinen Emotionen, deinen Sinnen. Zieh dich zurück von allen Notwendigkeiten, Ablenkungen, Zeitdieben – von der Geschäftigkeit der Welt. Wende deine Aufmerksamkeit ganz auf die Essenz deines Seins, auf das Geschenk des Lebens. Fühle es mit großer Dankbarkeit.

Sei eine Schildkröte – so oft du magst am Tag. Das kann während täglicher Routinearbeiten sein – oder auch dann, wenn du merkst: Alles ist zu viel. Konzentriere dich im Schutz deines Panzers auf den Frieden in dir, auf deine innere Kraft – und dann kehre zurück in die Welt des Trubels mit erfrischtem Geist und klarer Präsenz.

5

UNBEWUSSTE GLAUBENSSÄTZE
AUFDECKEN UND AUFLÖSEN

···

Wie du über dich selbst denkst,
ist viel wichtiger als das,
was andere über dich denken.
(SENECA)

···

Moment, werter Herr Philosoph SENECA. Das ist eine steile These, die unseren *Ich-Reflex* stark tangiert. Wie stünden sie denn alle da – die uns schöner, toller, attraktiver machen wollen, die Modedesigner samt der Modeindustrie, das Geschäft mit Schönheit und Anti-Aging, die Coaches, die uns ein gewinnendes Auftreten antrainieren? ... wenn wir nicht wahnsinnig drauf erpicht wären, dass möglichst viele Menschen um uns herum möglichst toll über uns denken? Wenn man in einen Raum kommt und man spürt: Die mögen mich!, Die denken gut über mich!, Die finden mich toll! – dann ist das natürlich ein Turbo fürs Ego. *Ihr mögt mich, also bin ich.* So weit, so schlicht.

Doch SENECA behauptet ja gewissermaßen das Gegenteil! Viel wichtiger sei es, was *ich* über mich selbst denke? Ja, wer weiß das denn schon von sich selbst? Schade eigentlich. Schade, dass sich die meisten von uns diese Frage gar nicht stellen. *Was denke ich über mich selbst?* Damit ist nicht gemeint, dem nachzuspüren, was ich im

Spiegel anderer sein könnte. Damit ist nicht gemeint, wie ich meinen Selbstwert auf dem Markt des Wohlgelittenseins definiere.

Es geht darum, wie wir die Welt wahrnehmen, ja, wie wir sie uns in immer gleicher Weise selbst erschaffen. BUDDHA hilft da wunderbar weiter:

Alles, was wir sind, ist ein Resultat dessen, was wir gedacht haben. Unsere Existenz gründet sich auf unsere Gedanken.

Dieser Gedanke führt uns unweigerlich zu unseren inneren *Glaubenssätzen*. Nicht um die schätzungsweise täglich 50 000 Gedankenfetzen geht es, die meist ungezügelt in unsrem Oberstübchen vagabundieren und mehr oder weniger sinnlos unsere Wahrnehmung verstopfen. Es geht um die meist unbewusste Selbstdefinition, die wir im Laufe unserer Entwicklung ganz tief in uns verankert haben, die die Farben unserer Gefühlswelt bestimmen und Wächter unserer Wahrnehmung sind: *Glaubenssätze filtern die Wahrnehmung von Welt.* Und so sind wir, wie BUDDHA sagt, *ein Resultat dessen, was wir gedacht haben,* was wir wieder und wieder gedacht haben über uns selbst – und das alles andere als bewusst.

Ein einfaches Beispiel: In seinen Führungskräfte-Seminaren zum Thema *Selbstentwicklung* arbeitet der Coach JENS CORSSEN regelmäßig mit einem Künstler zusammen, ERNST HANDL. Die Aufgabe des Künstlers ist es, den Teilnehmern erfahrbar zu machen, dass vieles, was sie zu können oder zu sein meinen, durch unbewusste Glaubenssätze gesteuert ist – und ihnen eine von solchen alten Denkmustern befreiende Selbstreflexion zu ermöglichen.

ERNST HANDL motiviert die Top-Manager zu malen. Aquarellmalerei. Selbstporträts. »Ich kann aber nicht malen. Schon gar kein Selbstporträt!« – das ist die prompte Reaktion, wenn dieser Programmpunkt auf der Tagesordnung steht. Drei Tage später, nachdem die Teilnehmer mit Unterstützung des Künstlers die Grundlagen der Aquarellmalerei und die maltechnische Anlage eines Selbstporträts erfahren haben, sind sie perplex.

Sie haben nämlich allesamt – als sie sich einließen auf dieses Experiment – attraktive Selbstporträts geschaffen, die spannend zu interpretieren sind, weil in ihnen hochsensibel Wunsch und Wirklichkeit verwoben sind.

Der Glaubenssatz *Ich kann aber nicht malen!* hatte den Zugang zu dieser Dimension des Selbstausdrucks gründlich verwehrt. Nun mag man sagen: Es gibt auch andere Möglichkeiten, der Kreativität und Reflexion Ausdruck zu verleihen. Da richtet so ein Glaubenssatz keinen Schaden an. Richtig. Das sieht allerdings völlig anders aus, wenn es sich um die Festlegung vermeintlicher Grundmuster der eigenen Persönlichkeit handelt, die sich als unbewusste Glaubenssätze in uns eingenistet haben und uns den Zugang zu einem erfüllten Leben blockieren. Der Aphoristiker und Lyriker ERNST REINHOLD HAUSCHKA beschreibt die subversive Zerstörungskraft von negativen Glaubenssätzen:

Der Mensch braucht lange, bis er einsieht, was ihn zerstört. Und er braucht noch länger, bis er etwas dagegen tut.

Einer der Glaubenssätze meiner langjährigen Freundin lautet – in meiner Interpretation – zum Beispiel so: »Es ist schlimm – die anderen machen immer so blöde Dinge mit mir. Und ich kann nichts tun. Irgendwer verhindert immer, dass ich glücklich bin.« In einer E-Mail beschrieb sie sich letztens gleich dreifach in der Opferrolle. Wohlgemerkt – er handelt sich um eine hochintelligente Frau mit reichlich Humor und Lebenserfahrung. Sie schrieb also, sie habe sich ein neues Smartphone gekauft. Nun sei sie völlig ohne Kommunikationsmöglichkeiten. Denn dieses sei ja ein komplett anderes Modell, als sie vorher hatte, es sei auch keine Gebrauchsanweisung dabei. Man könne sie also nun auch telefonisch leider nicht erreichen. Die Sache mit dem Auto, das sie sich kaufen wollte, sei auch ein Drama. Die beiden Händler zuvor, die sie besuchte, schienen kein Interesse am Autoverkauf zu haben. Sonst hätten sie sich ja wieder bei ihr gemeldet. Telefonisch seien sie nicht zu erreichen gewesen. Und der dritte jetzt hätte ihr einen Wagen mit defekter Heizung vorgeführt. Ein Desaster. Erst mal sei sie also nicht mobil, sie hätte ja wegen der ignoranten Händler kein Auto. Und das Gerichtsverfahren, das sie wegen einer säumigen Zahlung angestrebt hatte, müsste nun verschoben werden. Weil ihr Anwalt im Urlaub sei. Wichtige Einkünfte blieben ihr also weiter verwehrt.

»Es ist schlimm – die anderen machen immer so blöde Dinge mit mir. Und ich kann nichts tun. Irgendwer verhindert immer, dass ich glücklich bin.«
Ein Glaubenssatz, der ihr mit Sicherheit nicht bewusst ist. Doch er bewirkte ihr ganzes Leben lang – zumindest so lange ich sie kenne –, dass sie einen wichtigen Teil ihrer Zeit damit verbringt, sich über die Unglücklichmacher und Blockierer um sie herum zu beschweren. Wie sehr sie das in Ohnmachtsgefühle, in negative Stim-

mung rutschen lässt! Und sie spürt bis heute nicht, dass *sie sich selbst, mit ihrem Glaubenssatz*, in die Opferrolle dirigiert.

Nüchtern betrachtet, könnte sie ihr Smartphone ruck-zuck bedienen lernen, wenn sie sich in einem Store des Herstellers beraten ließe. Sie könnte sich in dem Auto-haus, wo sie den Kleinwagen kaufen wollte, an höherer Stelle wegen Nichterreichbarkeit der Mitarbeiter be-schweren. Da würde sicher sehr schnell etwas in ihrem Sinne geschehen. Und die Sache mit dem Anwalt, der in den Urlaub geht – ja und? Verhungern würde sie nicht, wenn die Außenstände ein wenig später eingetrieben würden. Doch meine Freundin ist mental völlig anders programmiert. Fast jedes Mal, wenn ich sie treffe oder mit ihr telefoniere, erzählt sie mir eine Geschichte von einem Übel, das ihr widerfahren ist. Und wenn ich Lö-sungsvorschläge anbringe, dann verwickelt sie mich in endlose Diskussionen, um zu begründen, wieso das alles nichts bringen könne. So tief verankert ist der Glaubens-satz in ihr:

»Es ist schlimm – die anderen machen immer so blöde Dinge mit mir. Und ich kann nichts tun. Irgendwer ver-hindert immer, dass ich glücklich bin.«

Die Neurologie erklärt mir, wieso meine Hilfsbemühun-gen für sie vergeblich sind: Menschen mit solch tief ge-prägten Glaubenssätzen kann man nicht mit »positivem Denken« unterstützen. Sie identifizieren sich ganz und gar mit ihrem Wahrnehmungsmuster. Und diese Identi-fizierung über Jahrzehnte hinweg, mit den immer und immer wieder gleich gedachten Glaubenssätzen, wird bis in die Verdrahtung der Nervenzellen hinein fixiert. Will heißen: Hat ein Mensch sich erst einmal mit einem Glaubenssatz identifiziert, wird er diesen so leicht nicht wieder los. Sein inneres Muster arbeitet in gewisser Weise autonom. Alles, was geschieht, wird im Fall meiner Freundin unter dem Filter: »Da macht jemand was Unangenehmes mit mir, der macht mich zum Opfer« nach Bewahrheitung gerastert. So wird diese Realitätsverzerrung für sie dann auch tatsächlich wahr. Völlig subjektiv natürlich, abgelöst von den Handlungsalternativen in der Realität.

Deshalb HAUSCHKAs Formulierung:

Der Mensch braucht lange, bis er einsieht, was ihn zerstört.

Und das Verb »einsehen« macht uns klar, worum es nun geht: Einen Glaubenssatz kann nur der erkennen, der *ein-sieht,* der nach Selbsterkenntnis sucht und sein Handeln, gepaart mit den auslösenden Gefühlen, aus der Distanz des Sich-selbst-führen-Wollens heraus nüchtern zu betrachten lernt.

Oft bleiben Glaubenssätze bis zum Ende des Lebens aktiv. Manche anderen geraten durch elementare Krisen zum Erkennen und Wandel. Und manchmal ist es schlicht der Wille zu innerem Wachstum, der Glaubenssätze bewusstwerden und damit verändern lässt. Könnte Letzteres für Sie zutreffen?

Dann lassen Sie sich jetzt bitte ein auf ein Experiment mit sich selbst. Genauer gesagt: Sie können aus zwei Experimenten wählen. Sie werden unmittelbar spüren, welches besser zu Ihnen passt. Sie werden jetzt also versuchen, Ihren Glaubenssätzen auf die Spur zu kommen. Und Sie wissen intuitiv: Da gibt es welche. Die sehr alt, vielleicht fast so alt sind wie Sie selbst. Sie gehören zu Ihnen ... Sie bestimmen, wie Sie die Welt sehen. Aber vielleicht sind sie gar nicht wahr. Was könnte diese Erkenntnis – gepaart mit dem Sich-Lösen von alter Beschränkung –, was könnte das für eine elementare Befreiung sein, oder?

Ein Experiment setzt den Impuls im Innen, das andere im Außen.
Beginnen wir mit dem letzteren. Sie entdecken und formulieren Ihre Glaubenssätze mithilfe eines Menschen, den Sie sehr, sehr gut kennen – und dem Sie tief vertrauen. Es kann ein Geschwister sein, oder natürlich ein enger Vertrauter, Freund oder Freundin. Sie laden diesen Menschen zu sich nach Hause ein und sagen gleich, dass Sie um Unterstützung zum Thema »Selbsterkenntnis« bitten. Sie würden sich gerne selbst auf die Spur kommen. Es ginge um eine klassische, jahrzehntelange Prägung.

Wenn Sie dann zusammen sind, konzentrieren Sie sich von Beginn an nur auf dieses Thema. Erklären Sie Ihrem Vertrauten, dass Sie unbewusste Glaubessätze aufdecken möchten, die meistens aus früher Kindheit, aus Unsicherheit, aus Ängsten heraus entstanden sind und die das Selbstbild prägen. Und dieses Selbstbild steuert die Wahrnehmung, filtert nur das aus dem alltäglichen Geschehen heraus, was in das Selbstbild passt. Alles, was nicht reinpasst, wird automatisch ignoriert. Glaubenssätze sind Blockaden der Selbstentwicklung. Sie sind meist negativ und mit den vielfältigsten Spielarten des

Unglücklichseins verbunden. Allerdings: Nicht jeder Mensch ist durch negative Glaubenssätze geprägt. Ob Sie denn überhaupt solche entwickelt haben – auch das können Sie nun für sich herausfinden.

Setzen Sie sich Ihrem Vertrauten gegenüber und bitten Sie ihn, sich ganz auf auf Sie zu konzentrieren und Ihre gemeinsame Geschichte zu durchforsten, indem er sich auf die Suche nach Ihrem möglichen Selbstbild begibt. Bitten Sie ihn, darüber nachzudenken, ob er in Ihrer langen Beziehung tiefe, vielleicht unbewusste Überzeugungen erspürt hat, die Ihre Wahrnehmung und Ihr Handeln bestimmen – und Sie zugleich am Glücklichsein, am tiefen Zufriedensein hindern. Wandern Sie zusammen durch gemeinsame Erinnerungen, stöbern Sie, lassen Sie kleine beispielhafte Erlebnisse wieder aufleben.

Überlassen Sie am Ende Ihrem Vertrauten das Wort. Unterbrechen Sie nicht. Sie können nachfragen zum Verständnis, aber nicht kommentieren. Richtig: Es soll sich um ein Brainstorming handeln, um Anstöße für Sie selbst. Ihr Vertrauter kann nur Impulse geben. Sie werden unmittelbar spüren, ob er in eine für Sie wahre Richtung denkt und fühlt oder eher nicht. Nehmen Sie ihm die Befürchtung, Sie zu verletzen oder falsch zu liegen. Sagen Sie ihm ganz offen, dass es um wichtige Impulse geht, nicht mehr und nicht weniger. Lassen Sie Ihrem Vertrauten Zeit zum Nachdenken und legen Sie sich Papier und Stift bereit. Vereinbaren Sie auch ein Signal, vielleicht »Ping«, wenn eine Äußerung Sie verletzt oder ärgert, wenn sie weit weg vom Gefühl der Selbsterkenntnis ist.

Während Ihr Vertrauter nun beginnt, über Ihr Muster, Ihre tief prägenden Glaubenssätze zu sinnieren, achten Sie vor allem auf Ihre Gefühle. Auch wenn er Sie traurig stimmt, wenn Sie Einsamkeit oder Mutlosigkeit spüren: Akzeptieren Sie Ihr Gefühl! Es könnte ein wichtiger Hinweis sein auf einen verschütteten Glaubenssatz. Wenn Sie etwas aufschreiben möchten, bitten Sie um eine kleine Pause. Lassen Sie Ihren Vertrauten so lange sprechen, wie er oder sie möchte. Fragen Sie nach, wenn Ihnen danach ist. Und dann schreiben Sie auf, was Ihnen durch den Kopf – und vor allem durch Ihre Gefühle geht. Fragen Sie immer wieder nach, auch während des Schreibens, und hier besonders nach den Gefühlen. Wie hast Du mich da erlebt? Was hast Du selbst gefühlt? War das Mitleid? Hilflosigkeit? etc.

Lesen Sie am Ende Ihre Notizen durch und versuchen Sie, ein Gefühlsbild zu erstellen, eine Idee von einer tief geglaubten vermeintlichen »Wahrheit« über sich selbst. Nun schreiben Sie diese Wahrheit auf, möglichst in einem Satz. In Ihrem Glaubenssatz. Seien Sie stolz auf sich, wenn Ihnen das gelingen sollte – und bedanken Sie sich bei Ihrem Erkenntnis-Helfer! Wie Ihnen dieser Glaubenssatz beim inneren Wachstum – und bei der Befreiung vom *Ich-Reflex* helfen kann, dazu gleich mehr.

Denn das war ja nur das eine Experiment, der Impuls zur Selbsterkenntnis von außen. Doch nicht jeder hat einen Vertrauten, der uneigennützig und unabhängig von seinen eigenen Interessen und Gefühlen in einer Beziehung für eine solche Aufgabe geeignet scheint.

Deshalb also hier Experiment Nummer zwei. Hier kommt der Impuls zur Selbsterkenntnis von Ihnen selbst, von innen. Und Sie wissen natürlich: Experimente haben es grundsätzlich so an sich, dass sie misslingen können, dass nichts Wichtiges herauskommt. Das kann passieren und tut nicht weh. Einen ernsthaften Versuch ist es aber allemal wert.

Doch vor dem zweiten Experiment ein kleiner Einschub. Denn ich glaube, es macht Sinn, zur Veranschaulichung auch von meinem persönlichen Erkenntnis-Weg zum Glaubenssatz zu berichten. Der bestand gewissermaßen aus einer Mixtur beider Versuche.

Mein engster Vertrauter war nämlich, sobald ich einigermaßen selbstständig denken und auch schreiben konnte ... mein Tagebuch. Zunächst, so ab dem Alter von ca. zwölf Jahren, war es reines Tagesprotokoll und zugleich eine liebenswerte Form der Selbstvergewisserung: Ich habe ein eigenes, von den Eltern und der Schwester unabhängiges Leben, toll! Mit den ersten Verliebtheiten und dann vor allem, als die Auseinandersetzungen mit den Eltern heftiger wurden, begann ich mein Verhalten und mein Verhältnis zur Welt zaghaft zu analysieren. Das Erlebte brach sich in wilden Beschreibungen Bahn – und dann kam immer öfter die Frage nach dem Warum. Warum empfand ich das Zuhause also so eng, weshalb vertrauten meine Eltern mir nicht? Mit den Jahren übte ich dann eine zum Teil naive, aber oft auch sehr sensible Selbstanalyse ein. Das tägliche Schreiben half mir, meine Gefühlswelt wahrzunehmen, zu respektieren – und mir mein Verhalten bewusster zu erklären und später auch steuern zu lernen.

Und so wurde das Tagebuch auch Partner, meine Glaubenssätze zu erkennen. Ein Eintrag stammt aus dem Jahr 1989. Ich arbeitete als Redakteurin bei RIAS-TV in Berlin, dem »Rundfunk im Amerikanischen Sektor«, die »freie Stimme für eine freie Welt«. Ich war die einzige, die keine journalistische Ausbildung hatte. Trozdem moderierte ich das Frühstücksfernehen täglich dreieinhalb Stunden live und drehte in den moderationsfreien Wochen aktuelle Filmberichte. Das war ein klassischer Sprung ins kalte Wasser. So richtig elegant gelungen war dieser Sprung zu Beginn sicher nicht. Denn mir dürften so ziemlich sämtliche Anfängerfehler eines Hospitanten unterlaufen sein. Doch eines wurde wohl sehr deutlich: Ich war unendlich lernbegierig: TV-Berichterstattung, professionelle Recherche, Filmtexte, Moderationstexte formulieren, das Schneiden der TV-Berichte. Ich wollte Moderationstechniken lernen, Interviewtechniken, Sprechtechnik, das A bis Z der Live-Berichterstattung. Acht-Stunden-Tag? Interessierte mich nicht. Ich brannte für den Job. Ich wusste ja: Eine solche Chance bekäme ich kein zweites Mal.

Und jetzt zum Tagebucheintrag. Ich hatte an diesem Septembermorgen nach dem Ende der Frühsendung den Fernsehdirektor auf dem Flur getroffen. Der sprach mich jovial an und klopfte mir auf die Schulter: »Na? Jetzt werden Sie getestet für das ZDF ›heute journal‹! Sauber! Na, ich sage ja immer: Die Ruge ist ein ›one single stone‹.« Was?, dachte ich. Ich bin ein »einzelner Stein«? Vielleicht sogar ein »vereinzelter Stein«? Und überhaupt: ICH – ein Stein? Ich fragte verdattert, was er denn damit meine, und die Antwort war cool: »Na ja. Sie mussten das Ding hier bei uns ja ziemlich allein durchziehen. Da kann man sich nur auf sich selbst verlassen. One single stone.«

Ich sehe mich noch heute, wie ich dastand, im nüchternen Studioflur, wie vom Donner gerührt. Ein sicherlich freundlich gemeinter Schulterklopfer vom Chef, und mir schoss ein merkwürdiger Schmerz in die Magengrube. Dieser Schmerz war massiv. Was war das denn? Ich hatte ein Angebot vom heiligen »heute journal«, der RIAS-Chef zollte mir Anerkennung auf seine sympathisch-poltrige Art, und mir war nur zum Heulen zumute?

In meinem Tagebuch entpuppte ich dann beim Schreiben den Glaubenssatz, den der Fernsehdirektor per Zufall getriggert hatte: »Sie mussten das Ding hier ja ziemlich allein durchziehen. Da kann man sich nur auf sich selbst verlassen.« Das war es. Ja, genau. Das war mein Glaubenssatz, von klein auf. Du bist mit allem ganz allein. Deshalb musst du alles allein machen. Du kannst dich nur auf dich selbst verlassen. Denn du bist verlassen.

Den frühkindlichen Hintergrund habe ich bereits im letzten Buch beschrieben, deshalb jetzt nur so viel: Bei meiner Mutter war im vierten Schwangerschaftsmonat eine schwere Krebserkrankung diagnostiziert worden, was für sie natürlich ein immenser Schock war. Sie entschied sich, mich auszutragen, und erst dann, als ich im Säuglingsheim war, unterzog sie sich im Krebsforschungszentrum Heidelberg der Operation. »Keine Chance«, hieß es danach. Medizinisch ist es bis heute unerklärlich, wieso meine Mutter den schwarzen Hautkrebs 36 Jahre lang überlebte. Doch die Angst lebte 36 Jahre mit. Meine Mutter gab mir an Liebe alles, was sie geben konnte. Und zugleich befand sie sich emotional in einem undurchdringlichen Kokon. Ich fühlte mich ihr so fern, innerlich verloren, obwohl im Außen alles in Ordnung war. »Du bist mit allem ganz allein. Deshalb musst du alles allein machen. Du kannst dich nur auf dich selbst verlassen.«

So erkannte ich beim Tagebuch-Schreiben das Muster, das mir die Welt filterte. Entscheidend war das *Gefühl*, das mit dem Glaubenssatz verbunden war: Das Gefühl der Verlorenheit, des ständigen Sich-bewähren-Müssens zum Beweis, dass ich es wert war zu existieren. Und später dann, beim Lesen meiner Tagebuchzeilen, da kam ich mir dann selbst auf die Spur. Mich beschlich beim Lesen ein merkwürdiges Gefühl. Dieser Gefühlsmix aus Verlorenheit, Alleinsein und Selbstmitleid störte mich plötzlich. Ja – sicherlich war da als Kindheitsmuster sehr viel dran. Ich hatte gelernt, mich selbst und wesentliche Motive meines Handelns besser zu verstehen. Aber ich war doch mittlerweile eine viel komplexere Persönlichkeit geworden, was sollte dieses alte Muster da noch? Indem ich es erkannte, begann ich meinen Glaubenssatz anzuzweifeln. Denn was ich da unbewusst über mich dachte, wieder und wieder, das hinderte mich am Welt-Erleben, am Leben-Feiern, am Sein. Es machte mich eng. Er verführte mich dazu, ständig um mich selbst zu kreisen. Nicht aus Egoismus – sondern aus der Befürchtung des Scheiterns heraus. Was für ein existenzieller Irrtum! Mein Glaubenssatz hinderte mich am Sein – und nährte den *Ich-Reflex*. Diese Erkenntnis fand ich großartig ... und beschloss, aus dem Muster auszusteigen. Dass das nicht mit einem Fingerschnipsen getan war – war mir klar.

Wohlgemerkt: Es geht hier nicht nur um intellektuelle Erkenntnis. Das Beengende an meinem Glaubenssatz war das gespeicherte Gefühl, in meinem Fall eben das des Verlassenseins, des nicht Vertrauens. Wer Beengtheit wahrnimmt, entwickelt den Willen zur Befreiung.

Doch jetzt zurück zum Experiment Nummer zwei. Sie haben natürlich längst erkannt: Sie befinden sich weder in einem wissenschaftlichen Experiment noch in einer Psychotherapie. Das hier ist ein engagierter, kleiner Selbstversuch zum Zwecke der persönlichen Erkenntnis.

Hier zum Impuls, der von innen kommt, mithilfe einer – wie ich finde – besonders schönen Meditation.

Sie setzen sich in Ihre liebste Meditationshaltung, zum Beispiel auf einen bequemen Stuhl. Sie sitzen aufrecht, ohne sich anzulehnen, die Füße parallel unter den angewinkelten Knien auf dem Boden, die Hände flach auf den Oberschenkeln, die Schultern nicht eingesunken, sondern aufrecht-entspannt, der Kopf wird durch ein unsichtbares, leichtes Band am Scheitel nach oben gezogen, Kinn und Gesicht weisen nach vorne, zum Horizont.

Sie nehmen sich Zeit und Raum, um auf den Atem zu achten, wie er ein- und ausströmt. Wie er Ihren Körper mit Leben versorgt, ohne dass Sie etwas dazu tun müssen. Sie nehmen wahr, wie sanft Ihr Atem ist, wie verlässlich. Er war immer da, und er ist immer da und versorgt Sie mit Leben.

Sie nehmen die Gedanken wahr, die Ihre Aufmerksamkeit irgendwo anders hin lenken wollen. Sie schauen diese Gedanken an – und verwandeln sie in schillernde Libellen, in helle Weichflügelfalter, tanzend über einem See. Sie betrachten diese Weichflügelfalter, wie sie elegant durch die Lüfte segeln.

Nun lassen Sie die magischen Gedanken-Libellen auf einem Lotosblatt landen. Sanft legen sie ihre schimmernden Flügel an. Sie beobachten, wie sie sich schaukeln lassen auf dem Lotosblatt, ganz sanft hin und her. Nun lassen Sie sie dort zurück – und achten wieder ganz auf Ihren Atem, wie er Sie zuverlässig mit Wärme und Leben versorgt.

Dann wenden Sie sich Ihrer Kindheit zu. Sie sehen sich selbst in Ihrem Kinderzimmer, vor dem Haus, in dem Sie lebten, in den Ferien am Meer. Sie lassen Bilder aufsteigen, schaukeln durch diese Bilder und Gefühle, bis hin zu den Stromschnellen des Erwachsenwerdens. Und nun machen Sie sich bewusst klein: Sie schauen aus der Perspektive auf die Welt, auf die Menschen, als Sie noch nicht so groß waren wie heute – also von deutlich weiter unten. Mit welchem Gefühl schauen Sie da? Fühlen Sie sich groß und stark, frech und verwegen, klein und schwach ... was fühlen Sie?

Dann gehen Sie klein und mit Kinderaugen in einen Märchenwald hinein. Verwunschen ist er, dunkel, Sie nehmen flüchtig seltsame Wesen wahr. Es ist Ihnen nicht ganz geheuer, doch Sie gehen weiter und weiter. Irgendwann tut sich eine Lichtung vor Ihnen auf. Sie nähern sich ihr, betreten sie mit Bedacht, aufmerksam. In der Mitte der Lichtung entdecken Sie einen großen, flachen Stein. Sie gehen auf ihn zu, Sie setzen sich. Er ist ganz warm. Sie schauen sich um. Der Waldessaum ist dunkel. Dahinter raschelt es, da sind merkwürdige Geräusche. Es ist das Leben, das vor Ihnen liegt. Nichts ist vorhersagbar. Da bereitet sich offenbar vieles vor, doch den Dirigenten Ihrer Lebenssymphonie, den kennen Sie nicht.

Sie konzentrieren sich auf Ihr Kinder-Ich. Sie schauen sich zu, wie Sie da auf dem Stein sitzen und lauschen in dieses Kind hinein. Was hören Sie da, was fühlen Sie? Fragen Sie sich: Was empfinde ich, wenn ich das Kind da sitzen sehe? Was kann es – und was kann es ... nicht? Wovor fürchtet es sich? Wovon träumt es? Fühlt es sich in seinem Leben zuhause? Fühlt es sich sicher, warm, geborgen? Wenn nicht – woran mag das liegen? Beobachten Sie sich selbst, wie Sie das Kind beobachten. Gibt es vielleicht einen blinden Fleck, den Sie nicht betrachten wollen?

Lassen Sie Gefühle aufsteigen, steuern Sie nicht. Nähern Sie sich der Farbe Ihrer Kinderseele. Seien Sie aufmerksam, ob irgendwann ein Glaubenssatz aufsteigt. Laden Sie Ihren Glaubenssatz zu sich ein. Wenn sich einer nähern sollte, dann schauen Sie ihn ganz ruhig an. Lassen Sie sich auf ihn ein. Sind Gefühle mit ihm verbunden, und wenn ja – welche? Diese Gefühle können Wegweiser sein. Sie können Ihnen zeigen, ob der Glaubenssatz tatsächlich Ihr ureigener ist.

Bleiben Sie dabei. Bleiben Sie so lange bei dem Glaubenssatz und bei dem zugehörigen Gefühl, bis die Intensität nachlässt.

Nun atmen Sie tief ein. Sie bewegen sich, schütteln sich vielleicht. Schreiben Sie Ihren Glaubenssatz auf. Schreiben Sie auch auf, was Sie empfunden haben, welche Bilder aufstiegen. Sie werden staunen, wenn Sie das später lesen.

So. Wir kommen zur Auswertung der Experimente. Voraussetzung dafür ist, dass Sie einen oder mehrere Glaubenssätze tatsächlich aufgespürt haben. Wie gesagt: Sie zeichnen sich dadurch aus, dass sie halb- oder unbewusst Ihr Leben und Ihre Wahrnehmung steuern. Wenn wir sie aufgespürt haben – was fangen wir nun mit ihnen an?

Der Friedensnobelpreisträger und frühere UN-Generalsekretär DAG HAMMARSKJÖLD hat einen großartigen Denkanstoß dazu:

Einfachheit heißt, die Wirklichkeit nicht in Beziehung auf uns zu erleben, sondern in ihrer heiligen Unabhängigkeit.

Wenn doch alles nicht so kompliziert, wenn mein Leben doch einfach wäre – was wäre das schön, oder? Sie sagen: Wie naiv ist das denn? Also noch mal nachgefragt: Was wäre, wenn mein Leben einfacher würde als bisher? Was wäre, wenn ich die Welt anders, direkter, heiterer, leichter erleben würde? Wenn sich nicht ständig Zweifel in den Weg stellen würden – an mir und meinen Fähigkeiten? Was wäre, wenn ich meine Glaubenssätze loslassen könnte? Was wäre also, wenn ich, wie HAMMARSKJÖLD sagt, *die Wirklichkeit nicht in Beziehung auf mich selbst, sondern in ihrer heiligen Unabhängigkeit erleben würde?*

Das würde bedeuten – ich lasse den Filter los, der meine Wahrnehmung der Welt eintrübt. Genauer gesagt, ich übe mich darin, ihn loszulassen. Denn ich weiß ja, dass mein Selbstbild und meine Weltwahrnehmung in meinem Gehirn durch jahrelanges und immer gleiches Denken in einer bestimmten neuronalen Verdrahtung fixiert sind. Aber ich weiß auch, dass mein Gehirn *Neuroplastizität* aufweist, bis ins hohe Alter hinein. Ich kann umlernen. Ich kann mich umprogrammieren. Die Voraussetzung dafür ist – so die Erkenntnisse der Neurologie –, dass das nicht nur auf der Ebene des Intellekts geschieht – sondern auch und besonders auf der Ebene der Emotion. Deshalb spricht HAMMARSKJÖLD von der *heiligen Unabhängigkeit der Wirklichkeit*.

Die Wirklichkeit – unsere Beziehungen, alltäglichen Erfahrungen und Herausforderungen – erhält plötzlich eine besondere Magie und eine Leichtigkeit ... wenn ich sie bewusst als unabhängig von mir und meiner Bewertung, Einschätzung, von meinem gewohnten Filter erlebe, der alles und jedes auf mich und meinen Wert in der Welt beziehen will – wenn ich mich von der inneren Diktatur meiner Glaubenssätze befreie. Wenn der Druck aus dem System verschwindet, den ich mir selber mache.

Da greife ich meine Glaubenssätze wieder auf: *Du musst alles allein machen. Du kannst dich nur auf dich selbst verlassen. Du bist verlassen.*

Allein ihre Erkenntnis hatte schon einiges bewirkt. Immer, wenn ich mich dabei ertappte, dass mein altes Muster aktiv werden wollte, sagte ich mir: »Lass los. Es stimmt nicht mehr«. Das funktionierte mal gut, mal gar nicht. Intuitiv war ich auf der Suche nach einem noch stärkeren Mittel – genauer gesagt: nach einer intensiven Erfahrung, verbunden mit einem starken Gefühl, die ich innerlich abspeichern könnte und die dann irgendwann vielleicht meine alte Programmierung ersetzen könnte. Und da wir dabei sind, Ihr eigenes Selbstexperiment auszuwerten, ist die folgende Beschreibung als Anregung für Sie selbst gedacht. *Ihre* konkrete Auswertung wird dann wahrscheinlich ganz anders aussehen – die können Sie nur selbst erspüren.

Es war eine Situation im 55er-Bus in München. Es gab sicherlich etliche weitere Erlebnisse, die mich ähnlich berührten. Doch aus unerfindlichen Gründen wurde es nun eben dieses, das ich für meine selbstgeführte Umprogrammierung wählte.

Der Bus war voll, ich stand nahe der Doppeltür in der Busmitte neben einer jungen Frau. Ihr Baby im Kinderwagen schrie erbärmlich. Der jungen Frau schien das sichtlich unangenehm zu sein. Sie schaukelte den Wagen rhythmisch hin und her, doch das Baby brüllte immer lauter, verzweifelter, das Zuhören tat richtig weh. Da nahm sich die Frau ein Herz, drückte mir den Handlauf des Wagens in die Hand, nahm das brüllende Bündel aus dem Wagen und schmiegte es ganz eng an ihren Oberköper. Sofort war Stille. Die Ärmchen krallten sich am T-Shirt der Mutter fest, das Köpfchen sank erschöpft auf ihre Schulter. Es schloss die Augen, ein wohliges Lächeln im Gesicht.

Mich berührte die Szene so tief, dass mir die Tränen in die Augen schossen. Diese tiefe Verzweiflung des Verlassenseins! Nichts hatte mehr existiert für dieses kleine Wesen – außer Schmerz und Ohnmacht, als es da allein in seinem Wagen strampelte. Und dann die erlösende Erfahrung: die Liebe, die Wärme, die Geborgenheit – alles ist da! Ich bin nicht allein, ich bin nicht verlassen! Alles, was ich brauche, hält mich im Arm. Alles ist gut.

Puh, dachte ich. Klar, für ein Baby gibt es nur die elementare Frage: Liefert die Welt um mich das, was ich brauche, oder liefert sie nicht? Erwachsenwerden heißt ja nun, sich ganz und gar abzulösen von dieser Ich-Fixierung, von der umfassenden Abhängigkeit. Es geht um den schlichten Erkenntnisschritt: Die Welt muss mir gar nichts liefern. Ich bin es, die liefert – wenn ich mich aus freien Stücken dazu entscheide. Das ist meine Aufgabe in der Welt.

Glaubenssätze steuern mich fremd, weil sie mich in der frühkindlichen Ohnmacht des »Habenmüssens« fixieren. Deshalb stellt BYRON KATIE, amerikanische Spezialistin für die Überwindung von Glaubenssätzen, die folgende Frage:

Wer wärst du ohne diesen Gedanken?

Wer wäre ich, wenn das *Du musst alles allein machen. Du kannst dich nur auf dich selbst verlassen. Du bist verlassen* nicht mehr Filter meiner Wahrnehmung wäre? Wenn ich die Wirklichkeit erlebte, ohne sie ständig in ihrer Wirkung auf mich zu interpretieren, wenn ich ihr *heilige Unabhängigkeit* erlaubte? Was für eine Befreiung. Was für eine Erleichterung. All die Kräfte, die mich zuvor um mich selbst kreisen ließen – sind frei für anderes. Das Unwohlsein, das aus der Enge des Selbstbildes stammt, schwindet. Es entsteht Raum für Zuwendung, für Wärme, für Liebe.

Noch heute nutze ich die Erinnerung an das wohlig schlummernde Baby am Körper seiner Mutter, wenn mein altes Muster wieder aktiv werden will. Ich rufe die Szene innerlich auf, mit all ihrer Emotionalität. Und damit läuft sie, die Umprogrammierung der alten Glaubenssätze: *Es ist alles da, was du brauchst. Da ist Wärme, Liebe und Geborgenheit. Da ist ein unbesiegbarer Sommer in dir. Es ist alles schon da.*

Deshalb zum Schluss dieses Kapitels die Anregung für Sie: Wenn es Ihnen gelungen sein sollte, Glaubenssätze aufzuspüren und zu formulieren, so gehen Sie auf die Suche nach starken Szenen, Erlebnissen, Bildern, die Ihnen genau das schenken, was Ihnen bis dahin verwehrt schien. Es muss *Ihr ganz persönliches* starkes Erlebnis gewesen sein, es sollte mit den Gefühlen aufgeladen sein, an denen Sie – laut Glaubenssatz – Mangel litten. Nutzen Sie Ihre besondere kleine Begebenheit, um sich bewusst umzuprogrammieren, von alten Mustern zu befreien.

Natürlich ist es nicht nur eine kleine Begebenheit, die Ihnen helfen kann, feste Glaubenssätze aufzulösen. Letztlich ist es die Übung, sich einer tiefen inneren Einschränkung wieder und wieder bewusst zu werden und sie liebevoll loszulassen. Sie war ein Teil von Ihnen. Heute ist sie es nicht mehr.

So kann sich langsam, ganz langsam ein neues Selbstbild entwickeln, das mit dem Gefühl enormer Befreiung verbunden ist, das Blockaden überwinden und damit das Leben wunderbar vertiefen hilft. HERMANN HESSE dazu:

Nicht dort ist die Tiefe der Welt und ihrer Geheimnisse, wo die Wolken und die Schwärze sind, die Tiefe ist im Klaren und im Heiteren.

6

DIE VERGESSENE SEHNSUCHT

....

Wir leben in einer Zeit vollkommener Mittel
und verworrener Ziele.
(ALBERT EINSTEIN)

....

Dem *Ich-Reflex* auf die Spur zu kommen scheint mir so
mühsam wie im Laubwald die Blätter zu zählen. Er ist
allgegenwärtig. Bislang habe ich ja nur wenige Spielarten beschrieben: Den Hunger nach Anerkennung, der
uns schon im Kindergarten im Griff zu haben scheint.
Den Verräter, der sich in uns versteckt, der hinterrücks
seine Zerstörungskraft entfaltet, scheinbar aus heiterem
Himmel heraus wertvolle Beziehungen zerstört – und
Eitelkeit heißt. Den Impuls des Rechthabenwollens, um
einen Selbstwert zu nähren, der viel »Selbst« und wenig
»Wert« ist. Dann die Verführung, das »Ich« mittels digi-
taler Booster in den Social Media weiter aufzuplustern.
Und schließlich den Versuch, sich dem zu nähern, was
tief in uns von früher Kindheit an besten Nährboden
liefert für den *Ich-Reflex*: Glaubenssätze als Souffleure
der Ich-Zentrierung und als Blockaden der Selbstentwicklung.

Fünf Kapitel dieses Buches, fünf Symptome gesellschaftlicher Normalität, die offenbar zu den Grundmustern
des Menschseins gehört. Der *Ich-Reflex* scheint in unsere
DNA gestrickt. Allerdings mag ich dieses Minenfeld der

Forschung nicht betreten. Wie viel *Ich-Reflex*, wie viel Empathie, wie viel Machtinstinkt, wie viel Liebesfähigkeit ist angeboren und wie viel ist erlernt … nicht mein Thema. Mir geht es um die Erkenntnis dessen, was halbbewusst, vielleicht sogar unbewusst mein Handeln und mein Erleben steuert, um aufbauend darauf mein Handeln und Erleben endlich selbst zu führen.

Ich muss mir von mir selbst nicht alles gefallen lassen.

Der österreichische Neurologe und Psychiater VIKTOR E. FRANKL schenkte uns mit diesem Satz einen Schlüssel zu innerer Freiheit. Ich muss mir von meinem *Ich-Reflex* nicht alles gefallen lassen. Ich habe die Freiheit, anders zu empfinden und anders zu handeln. Vorausgesetzt, ich bin in der Lage, mein eigenes Verhalten aus einer gesunden Distanz heraus zu betrachten. Und vorausgesetzt, dass ich mich entscheide, *wohin* ich mein Verhalten ändern will.

Eins ist sonnenklar: Ichbezogenes, machtgetriebenes Verhalten macht niemanden glücklich. Weder den, der sich vermeintlich erhöht, noch den, der als Claqueur herhalten soll. Ichbezogenes Verhalten schafft Aggression, Frustration, entzweit Menschen, vergiftet Gespräche, das Arbeitsklima, die Harmonie in Beziehungen und Familie. Und trotzdem lassen wir zu, dass der *Ich-Reflex* in allen Lebensbereichen den Majordomus spielt. Es scheint, als ob wir fraglos akzeptierten, dass da jeder seinen *Ich-Reflex* kultivieren müsse, der einfach ständig Nahrung braucht.

Und Sie sagen jetzt natürlich: *Ich* doch nicht! Sie unterstellen mir, dass auch *ich* einen *Ich-Reflex* nähre? Dass ich

Kollaborateur eines quasi selbstständigen Steuerungssystems in meinem Inneren sei, das kaum merklich meine Weltwahrnehmung filtert und mein Verhalten lenkt?

Wie wäre es mit einem kleinen Selbstversuch: Rastern Sie *einen Tag lang* sich selbst und die Menschen, denen Sie begegnen, auf Symptome der »Verwichtigung« und Selbsterhöhung. Nehmen Sie einen Tag lang bewusst die coole Rolle des Forschers ein. Beobachten Sie sich – und die anderen. Legen Sie ein schriftliches Beobachtungsprotokoll an, mit den Rubriken »Uhrzeit«, »Person« und »*Ich-Reflex* – was geschah«. Notieren Sie alles, was Ihnen zum *Ich-Reflex* an anderen und an sich selbst auffällt. Die Überschrift des Protokolls: »Ich und die anderen«.

Wenn Sie jemand im Straßenverkehr rowdyhaft schneidet, ausbremst, was auch immer: Vielleicht können Sie seinen Gesichtsausdruck erkennen. Was zeichnet sich da ab? Triumph? Härte? Abwehr? Wenn ein Kollege ohne Punkt und Komma ein Gespräch dominiert – wie empfinden Sie ihn? Wie klingt seine Stimme? Laut, schneidend, künstlich? Wenn ein Freund Sie anruft, um über einen gemeinsamen Bekannten herzuziehen: Wie empfinden Sie ihn? Tut es ihm gut, diesen Bekannten zu erniedrigen? Wenn *Sie selbst* mit Ihrem jüngsten Schnäppchenkauf prahlen – was fühlen Sie? Überlegenheit, weil andere so blöd sind, normale Preise zu zahlen?

Das entscheidende Kriterium für das Identifizieren einer Verwichtigung und Selbsterhöhung ist genau das: sich wichtig, besser und überlegen fühlen wollen. Wenn Sie darauf achten, einen feinen Sensor entwickeln, dann spüren Sie unmittelbar, ob ein Verhalten, eine Botschaft *Sinn* macht für ein Gespräch, eine Aktivität, eine berufliche Aufgabe – oder ob sie *Instrument* ist für die Verwichtigung als Nahrung für den *Ich-Reflex*.

Dann werten Sie den Selbstversuch aus. Wie häufig sind Sie einer der unzähligen Varianten der Verwichtigung begegnet? Bei *sich selbst* und bei *anderen*? Vielleicht werden Sie dann doch erstaunt sein – wenn Sie konsequent und mit einiger Distanz sich und Ihr Umfeld beobachten – wie stark der *Ich-Reflex* sämtliche Lebenszusammenhänge durchdringt. Was Ihnen vielleicht bislang in dieser Tragweite gar nicht bewusst gewesen war?

Die Tragik des modernen Menschen ist nicht, dass er immer weniger über den Sinn des eigenen Lebens weiß, sondern dass ihn das immer weniger stört.

Was hat nun dieser Satz von VACLAV HAVEL, dem Bürgerrechtler und langjährigen Präsidenten der Tschechischen Republik, mit unserem Selbstversuch zu tun? Sollte es da etwa einen Zusammenhang geben zwischen dem allgegenwärtigen Ego-Modus, der uns offenbar nur wenig stört, weil so weit verbreitet – und dem Verlust des Gespürs für *Sinn* in unserem Leben?

Damit sind wir bei unserem nächsten zentralen Gedanken. Bislang ging es um das Aufspüren der vielfältigen *Symptome* des Ego-Spiels als beliebtes Gesellschaftsspiel. Jetzt fragen wir nach den möglichen *Ursachen* dafür. Ich behaupte also: Es ist ein Spiel, das so gut wie alle spielen. Der eine spielt das Spiel nach innen, weil es ihm an Mut zur Selbsterhöhung fehlt – der andere hoch elegant, sympathisch verkleidet – und wieder andere spielen es auf unangenehme, unerträgliche Weise.

Letzteres habe ich in einer Londoner Disco in Reinform an mir selbst erlebt. Ich war von einem bekannten Galeristen eingeladen in den VIP-Bereich *der* angesagten Disco für die *rich and beautiful* in der Londoner City. Nur Prominente hatten Zutritt – oder Clubmitglieder, die eine horrende Summe als Jahresbeitrag bezahlten. Da es nicht zu meinen Lieblingsbeschäftigungen gehört, die Nächte bis früh um fünf durchzuzechen, saßen wir zur Unzeit dort. Es war kurz nach Mitternacht. Außer uns war niemand da. Wir Spießer waren also viel zu früh. So gegen ein Uhr stürmte dann endlich eine exaltierte Gruppe den Raum. Die Order: Champagner für 1000 Pfund die Flasche, ungezählte Whiskeys, Cocktails auf riesigen Silbertabletts. Die Frauen: großartig gestylt, nur Markenklamotten an makellosen Körpern, die Männer offenbar ziemlich jung und ziemlich reich. Einer war der Platzhirsch, bestellte mit großer Geste. Ich saß daneben und spürte förmlich, wie mir Aschenputtelzöpfe wuchsen. Diese exzessive Form der Selbstdarstellung bot keine Alternative als möglichst unauffällig zuzuschauen – oder den Raum zu verlassen. Wer nicht mithalten konnte, war raus aus dem Spiel.

Wie sich die Mädels auf Sofas und Männerschöße warfen, wie die Kerle querknutschten und grölend lachten: ein hemmungsloser Jahrmarkt der Eitelkeiten. Die Selbstinszenierung wuchs mit dem Pegel des Disco-Sounds – zu dem natürlich niemand tanzte. Denn da war offenbar ein ganz besonders dicker Fisch zugegen, ein Asiate. Mein Nachbar flüsterte mir zu: »Der Sohn eines Hongkong-Magnaten ...!« Wow, dachte ich. Selten so eine Anmache gesehen. Er hatte das nicht nötig, er hatte ja die Kohle des Vaters, nein, die Mädels lieferten sich offensiv einen Wettbewerb der erotischen Attacke. Welche von ihnen wohl die Poleposition ergattern würde, auf seinem Schoß? Ein affektierter Reigen, während das Ziel der Begierde cool bis mäßig interessiert am Cocktail-Strohhalm saugend das Angebot sortierte.

Als ich auf die Toilette ging, baumelten meine imaginären Zöpfe bereits auf Hüfthöhe herum, mausgrau mein altmodisches Kostüm. Ich schmunzelte vor mich hin, das selbstironische Bild gefiel mir. Ich gehörte nicht hierher, ich wollte nichts zu tun haben mit dieser hemmungslosen Selbstinszenierung, doch ich spürte natürlich die Blicke. Jeder sah, dass ich erstens zu alt (damals war ich Mitte 40) und zweitens so ganz und gar ungeeignet war für das Spiel, das da lief.

Als ich dann auf der Toilette auch noch die aufgedrehten Gespräche belauschen durfte, weil sich die Mädels über die Trennwände der Kabinen hinweg unterhielten, fand ich endgültig wunderbar Abstand und damit zurück zum Humor. Unglaublich – es ging also darum, wer nun mit wem auf welche total hippe Party in welches total abgefahrene Anwesen weiterziehen würde, Partybeginn morgens um drei!

Als ich zurückkam zu unserem Tisch, trug ich die hüftlangen Zöpfe samt mausgrauem Kostüm mit einem solch unerbittlichen Stolz, dass mein Gastgeber sofort zum Aufbruch blies. Alles in allem ein irres Erlebnis. Hunderte junger, reicher Menschen auf einem Ego-Trip sondergleichen! Wofür leben die bloß?, fragte ich mich, als wir uns am Türsteher und der ewig langen Schlange der Wartenden vorbeischoben. Was ist der Sinn? Und, viel wichtiger: Wo ist dabei meiner?

Das war eine extreme Konfrontation mit der Welt des Ego-Spiels. Es geht auch weniger auffällig, alltäglicher. Doch es ist immer dasselbe Spiel, es sind dieselben Regeln. Man spielt es zum Beispiel besonders gern in manchen TV-Talkshows. Entweder man macht mit – oder man sollte besser nicht hingehen. Ich meine die eine oder andere Late-Night-Talkshow. Um die Zuschauer wachzuhalten, braucht es einen möglichst hohen Unterhaltungsfaktor. Meist sind vier, fünf Gäste eingeladen – üblicherweise ist ein Comedian dabei. Entscheidend ist also nicht wirklich, *was* man zu sagen hast, sondern *wie* man es rüberbringt. Ideal ist, wenn man beim Publikum einen Lacher pro Antwort provoziert. Und wenn man es nicht selber schafft, dann macht das der Comedian – auf Kosten anderer. Es sei denn, man ist ein namhafter Politiker, Philosoph oder Würdenträger. Die bringen auch ohne Entertainment gute Quoten.

Weshalb ich dieses Beispiel bringe? Weil dieses Spiel täglich über die Bildschirme in unsere Wahrnehmung flimmert: Selbstinszenierung ist gefragt – und gilt dann als besonders gelungen, wenn sie das Publikum zu explosiven Lachanfällen provoziert. Natürlich baut auf diesem Spiel Fernsehunterhaltung auf. Das ist auch ganz und gar nicht verwerflich. Doch es könnte hilfreich sein, sich beim Anschauen bewusst zu sein, dass Inhalte hier zweitrangig sind. Es geht um möglichst unterhaltsame Selbstinszenierung. Und dann gilt es natürlich irgendwann zu prüfen, wie viel man sich davon zumuten möchte.

Soweit die Symptombeschreibung. Wir stehen nun also vor der schlichten Frage: Was bringt das denn, die Selbsterhöhung, die Verwichtigung, die immense Energie, die Tag für Tag millionenfach ins Ego-Spiel investiert wird? Nehmen wir an, der *Ich-Reflex* sei nicht genetisch in uns eingebrannt. Dann muss er doch eine wichtige Funktion haben, sonst würden wir das Spiel nicht spielen. Was soll es also bringen, dieses kräftezehrende Kreiseln ums Ich?

Wie wäre es mit folgender Hypothese: Der *Ich-Reflex* stellt eine weit verbreitete Methode dar, einen »blinden Fleck« zu verbergen, vor sich selbst und vor den anderen. Vielleicht mag es sich da sogar um einen elementaren, kollektiven Mangel handeln. Doch weil so gut wie jeder ihn in sich trägt, nimmt ihn keiner wahr. Wie ein Vitamin-D-Mangel der Seele ...

ALBERT EINSTEIN hilft mir beim Formulieren meiner Gedanken:

Wir leben in einer Zeit vollkommener Mittel und verworrener Ziele.

In unseren aufgeräumten, abgesicherten Existenzen der entwickelten westlichen Welt ist das Ziel kein Thema mehr. Es ist aus unserem Blickfeld verschwunden, stellt keine wesentliche Kategorie unseres Lebens dar. Ich meine das *innere Ziel,* nicht die weitere äußere Absicherung des Alltagslebens. Wann fragt uns denn jemand danach – was wir als unser *inneres Ziel* beschreiben würden?

Wo lernen wir, uns darüber auszutauschen? Auf diese Ebene des Denkens und Fühlens geraten wir so selten. Das macht kaum jemand, wieso dann ich?

Doch manchmal taucht sie auf, die Sehnsucht nach dem inneren Ziel, klammheimlich schleicht sie sich in unsere Stimmung ein, und oft ist sie mit einem merkwürdigen Schmerz verbunden, mit einem Gefühl der Melancholie. Elementaren materiellen Mangel leidet kaum einer in unserem reichen Land. Und dennoch – auch und besonders in gut situierten Kreisen –, da taucht es auf, dieses *Das kann doch nicht alles gewesen sein?* Im Außen ist so vieles da – Wohnung, schöne Kleidung, hübsche Reisen, Restaurantbesuche. Doch innen? Da wirkt das Leben trotzdem schal. Irgendwie grau. Das Prickelnde fehlt, das Aufregende. Besonders, wenn dann noch Stress dazu kommt. Wir fühlen uns ständig getrieben. Da steigt immer mal wieder die Ahnung auf, etwas Wesentliches zu versäumen. Etwas, das einen erfüllen könnte. Etwas, das für *inneren Reichtum* steht. Und weil das nicht da ist, tut das weh.

Ich formuliere bewusst so schwammig, weil wir sie oft genauso wahrnehmen, unsere innere Welt: schwammig. Wir haben nicht gelernt, achtsam *und* nüchtern in uns hineinzufühlen. Was da aufsteigt, wird meist verdrängt.

Deshalb möchte ich Ihnen nun anbieten, sich auf eine Suche zu begeben, auf die Suche nach innen nämlich, achtsam *und* nüchtern. Suchen Sie Ihr *inneres Ziel.* Jeder Suche tut ein Kompass gut. Für Sie kann das Aufspüren der *Lebenssehnsucht* ein wunderbarer Kompass sein. Sie fragen nun: *Lebenssehnsucht* – was soll das denn sein?

Genau darum geht es in der folgenden Meditation. Der Schriftsteller und Richter HERBERT ROSENDORFER hat in seinem Roman *Briefe in die chinesische Vergangenheit* eine wunderschöne Anregung dazu geliefert:

Wenn du nach Norden ziehst, Frühling, wann kommst du nach Tsin? Nimm meinen Traum dorthin. Trag in den alten Garten den Traum, dass ich zuhause bin.

Also: Nehmen Sie Ihre Meditationshaltung ein. Verfolgen Sie Ihren Atem, wie er ein- und wieder ausströmt aus Ihrem Körper. Nehmen Sie wahr, wie sanft er Sie mit Leben versorgt. Geben Sie sich Zeit dafür. Spüren Sie, wie Ihre Gedanken zur Ruhe kommen, wie sie wegfliegen – und Raum sich öffnet, gedankenfrei. Geben Sie sich Zeit dafür.

Sie fühlen innerlich klar und in tiefer Ruhe. Jetzt lesen Sie mit leiser Stimme die Zeilen von HERBERT ROSENDORFER und achten Sie auf die Bilder, die in Ihnen entstehen. Steuern Sie nichts. Geben Sie sich Zeit dafür.

Lesen Sie sich die Zeilen nochmals vor – und achten Sie nun auf das Gefühl, das mit den Worten aufsteigt:

Trag in den alten Garten den Traum, dass ich zuhause bin.

Fühlen Sie dem nach. Der Frühling hat meinen Traum in einen alten Garten getragen, den Traum, dass ich zuhause bin. Der Garten liegt fern im Norden. Ich bin allein. Dennoch ist er hier richtig, mein Traum vom Zuhause-sein. Was heißt für Sie *zuhause-sein?* Spüren Sie dem nach. Geben Sie sich Zeit dafür.

Atmen Sie nun tief ein – und mit dem Ausatmen beenden Sie die Meditation. Stehen Sie nicht auf. Fühlen Sie Ihrem Traum im alten Garten nach. Wie sah der Garten aus, wie war die Temperatur, das Licht, der Wind? Welche Gefühle stiegen auf? Versuchen Sie, sich alle Facetten bewusst zu machen – und nun schreiben Sie sie auf. Ist es Wärme, die Sie spürten? Geborgenheit? Tiefer Friede? Eine ruhige Lebendigkeit? Angstfreiheit? Heiterkeit? Zeitlosigkeit? Entspanntheit? Glück? Es gibt so viele Gefühlsfacetten, die mit dem Traum vom Zuhause-sein verbunden sein können.

Schauen Sie sich anschließend Ihre Gefühlsliste aufmerksam an. Wenn Sie sich eingelassen haben auf die Meditation, spiegeln die notierten Worte ein sehr starkes Gefühl. Könnte es sein, dass Sie gerade etwas Elementares wahrgenommen und zu Papier gebracht haben? Könnte es sein, dass Sie sich einem Gefühl genähert haben, nach dem Sie sich heimlich schon immer sehnten?

Nun eine verwegene Vorstellung: Wie wäre es denn, wenn Sie sich immer, jeden Tag, von morgens bis abends, so fühlen würden? Wie wäre es, wenn Sie sich stets zuhause fühlen würden, in sich selbst zuhause? Wäre Ihr Leben dann ein anderes? Tiefer, wertvoller, voller Zufriedenheit, heiterer Gelassenheit, ja, Dankbarkeit?

Sie haben eben Ihre Lebenssehnsucht beschrieben – stimmen Sie mir zu? Sie haben eine Haltung zum Leben erspürt und definiert, achtsam und nüchtern, die Sie als Ihren persönlichen Kompass nutzen können, für Ihre alltägliche Orientierung im Leben, für ein Leben nach einem *inneren Ziel*.

Es mag belanglos klingen, doch vielleicht mögen Sie sich in diesem Moment bewusstmachen:

Die schönsten Dinge des Lebens sind keine Dinge.

Die schönsten Dinge des Lebens sind eine Haltung zum Leben, sind innere Stärke, Angstfreiheit, Gelassenheit und vieles mehr. Das alles ist nicht käuflich, doch tatsächlich wie ein Muskel trainierbar. Allerdings: Kaum einer tut das. Nicht aus Faulheit, sondern weil wir erst gar nicht auf die Idee kommen. Stattdessen trainieren wir uns im täglichen Ego-Spiel. Schon merkwürdig, oder? Beides kostet Energie. Wird sie ins Ego-Spiel investiert, führt sie in die Entzweiung. Investieren wir sie ins innere Wachstum, in die Erfüllung der Lebenssehnsucht, dann führt sie am Ende zum Du, zu gelungenen Beziehungen.

Was könnte denn nun die Erklärung sein für diese merkwürdige Energieverschwendung? Meine Hypothese: Wir entwickeln den *Ich-Reflex*, um den Schmerz der Halbheit nicht zu spüren, den Schmerz der unerfüllten Lebenssehnsucht. Da wir uns heute kaum oder gar nicht damit beschäftigen, *was wir als inneres Ziel begreifen wollen und wie wir für die Erreichung dieses Ziels mental trainieren könnten,* bleibt ein wichtiger emotionaler Raum unterentwickelt. Der Teil in uns, der uns, um es sehr schlicht zu formulieren, *Wärme, Liebe und Geborgenheit* schenken könnte, liegt brach.

In unserer Wissensgesellschaft, in der die Kirchen keinen modernen, tragfähigen Boden an Orientierung und Moral mehr liefern können, ist uns die gesamte Dimension der bewussten Innerlichkeit abhandengekommen.

Unsere innere Welt gleicht einer Steppe, in der die Begegnung mit dem Wesentlichen vom Zufall abhängig geworden ist. Hin und wieder treffen wir auf Oasen besonderer Glücksgefühle. Vielleicht geschieht das in einer Kunstausstellung, in einem ungewöhnlich offenen Gespräch, in der Natur, im Spiel mit einem Kind oder mit einem Tier. Da blitzt in einem Alltag des äußeren Getriebenseins und der inneren Orientierungslosigkeit ein Funke der Tiefe auf, der Erfülltheit, des tiefen Friedens. Doch ein Funke hat es nun mal an sich, dass er verglüht.

Wenn wir vergessen und verdrängen, der Lebenssehnsucht nach Erfülltheit zu folgen, also vergessen, uns an unserem *inneren Ziel* zu orientieren, wird es beim Funkenflug des Zufalls bleiben – und *die schönsten Dinge des Lebens, die keine Dinge sind*, verharren in unerreichbarer Ferne. Das tut weh. Und wer will schon Schmerz erfahren? Also verdrängen wir die Sehnsucht. Außerdem leben ja so gut wie alle so. Warum sollte man daran etwas ändern?

Und wie verdränge ich am effektivsten meine tiefe Lebenssehnsucht? Indem ich etwas anderes darüber schiebe. Dieses andere muss mir das Gefühl von Wichtigkeit geben, von Stärke, von Befriedigung. Es muss überall und immer funktionieren, und es muss möglichst stärker sein als dieser halb- oder unbewusste Schmerz.

So funktioniert der *Ich-Reflex*. Er schneidet uns ab von all dem, was wesentlich ist, ja seine allererste Aufgabe ist es ja gerade, das Wesentliche und dessen Magie möglichst von uns fernzuhalten. Wenn ich permanent um mich selber kreisele, wenn ich unablässig mein Umfeld stimuliere, mich zu bewundern – oder wenn ich mich frustriert meinem inneren Glaubenssatz beuge, klein und verlassen zu sein ... werde ich keinen Ansatz machen, mich einem inneren Wachstum zu widmen. Ich werde versäumen, die *Dinge* in mir zu stärken, die *die schönsten – und die keine Dinge sind.*

Den *Ich-Reflex* können wir also verstehen als erlernte Barriere, die uns abhält, sich dem zu nähern, was wehtun könnte. Und wehtun würde die Erkenntnis der Halbheit. Es wäre doch recht ungemütlich einzugestehen, dass ich zwar in Alltagssituationen hervorragend funktioniere, aber komplett vergessen habe, mich im Wesentlichen, in den entscheidenden Fähigkeiten der inneren Zufriedenheit zu trainieren. Dann lieber bewundert werden – oder mich ständig gekränkt und verkannt fühlen. Das sind ja auch starke Gefühle.

Was ich heute bin, ist ein Hinweis auf das, was ich gelernt, aber nicht auf das, was mein Potenzial ist.

Dieser Satz tut jetzt gut, oder? Er stammt von der amerikanischen Familientherapeutin VIRGINIA SATIR. Sie listet »Fünf Freiheiten« auf, über die wir alle verfügen könnten – wenn wir denn wollten:

- *Die Freiheit zu sehen und zu hören, was im Moment wirklich da ist,*
  – anstatt das, was sein sollte, gewesen ist oder erst sein wird.
- *Die Freiheit, das auszusprechen, was ich wirklich fühle und denke,*
  – und nicht das, was von mir erwartet wird.

- *Die Freiheit, zu meinen Gefühlen zu stehen,*
  – und nicht etwas anderes vorzutäuschen.
- *Die Freiheit, um das zu bitten, was ich brauche,*
  – anstatt immer erst auf Erlaubnis zu warten.
- *Die Freiheit, in eigener Verantwortung Risiken einzugehen,*
  – anstatt immer nur auf »Nummer sicher zu gehen«
  und nichts Neues zu wagen.

Jeder von uns hat jederzeit die Freiheit, sich auf den Weg zu machen und *innere Freiheit* zu erlangen. Wir haben die Freiheit, uns jederzeit unserer Lebenssehnsucht zu erinnern. Wir haben die Freiheit, uns jederzeit ein *inneres Ziel* zu setzen – und dieses Ziel dann auch achtsam zu verfolgen. Wir haben die Freiheit, jederzeit unsere Denkmuster, Verhaltensautomatismen und Schablonen der Wahrnehmung nachhaltig zu verändern. Hier geht es im Übrigen um nicht mehr und nicht weniger als um eine neurologische Umprogrammierung. Dazu später mehr. Aber Sie ahnen natürlich bereits jetzt schon, was dann mit dem *Ich-Reflex* passieren wird …

Die bewusste Entscheidung für ein *inneres Ziel* muss nicht zwangsläufig zu elementaren beruflichen oder privaten Weichenstellungen führen. Für mich war das allerdings der Fall. Meine Motivation, im Jahr 2007 nach zehn Jahren aus der täglichen Sendung »Leute heute« auszusteigen, hatte durchaus mit meinem *inneren Ziel* zu tun. Dazu kam, dass mein Mann aus beruflichen Gründen nach München umzog – und wir nach zehn Jahren Fernbeziehung endlich zusammenleben konnten. Die Chancen auf mehr gemeinsame Zeit hatte ich damals zwar gründlich überschätzt, aber immerhin. Es gab nun ein gemeinsames Nest.

Die Entscheidung, »Leute heute« aufzugeben, fiel mir unendlich schwer. Nach zehn Jahren waren wir in der Redaktion zu einer warmherzigen Fernsehfamilie zusammengewachsen, der extreme Druck der Anfangsjahre, als wir um die Existenz der Sendung kämpften, war längst vergessen. Die tägliche Live-Sendung erlebten wir als einen vom gesamten Team professionell gemanagten Adrenalin-Kick. Klar hätte ich mich auch dann zum *Leuchtturm meines Lebens* selbstentwickeln können, wenn ich in der Redaktion geblieben wäre. Ich hatte ja schon länger in meinen TV-Alltag diese andere Dimension einsickern lassen. Doch ich spürte: Es ist Zeit. Ich werde Elementares im Außen verändern – dann öffnen sich neue Türen, auch nach innen.

Das geschah dann tatsächlich. Der ZDF-Fernsehdirektor THOMAS BELLUT bot mir gleich nach meinem Ausstieg die Sommer-Vertretung der Late-Night-Show von JOHANNES B. KERNER an, die damals jeden Donnerstag lief. Der Clou dabei: Ich durfte gemeinsam mit dem Kerner-Team eine Talksendung zu »meinen Themen« entwickeln: Werte, Orientierung, Lebensfragen. Der Titel der Sendung – wer hätte das gedacht! – »Alles wird gut«. Das war eine großartige Chance. Wir setzten Themen wie »Alle suchen nach der großen Liebe«, »Gesund durch Gedanken – Selbstheilung«, »Wahrsagerei – Lebenshilfe oder Geschäft mit der Zukunft?« – die Einschaltquoten waren gut ... So war nach Ablauf der Staffel die nächste Kerner-Vertretung schon vereinbart, da stieg das ZDF in Verhandlungen mit Markus Lanz ein, um ihn für den Sender zu gewinnen. Zu dem Paket, das ihm angeboten wurde, gehörte dann auch die Kerner-Vertretung.

Dumm gelaufen. Ähnliches passierte mit einem Fernsehformat, das ich dem ZDF gemeinsam mit gleichgesinnten Produzenten und der katholischen Bischofskonferenz vorschlug. In »Helden des Alltags« sollten Menschen vorgestellt werden, die sich für Mensch, Tier oder Umwelt in besonderer Weise engagierten, und das weltweit. Die ZDF-Prüfungsstelle für neue Formate gab grünes Licht, einen Piloten, also eine Probesendung zu drehen. Doch in der Abteilung, die diesen Piloten realisieren sollte, kam keine Begeisterung auf. Man wies das Projekt ab.

Themen wie diese waren schon vor zehn Jahren zwar durchaus präsent. Bücher, Zeitschriften, auch einige wenige Radiosendungen beschäftigten sich mit Sinnfragen, Orientierung im Leben, mit Werten und Selbstentwicklung. Doch im Fernsehen war das alles andere als ein Trend.

Klar waren wir enttäuscht, aber Frust ist kein guter Ratgeber. Also weitermachen, innen und außen. Eine wichtige Neuerung in meinem Leben: ein Hund! Das strikte Hundeverbot in den Sendern und meine ebenso strikten Arbeitszeiten hatten noch nicht mal den Gedanken an einen Vierbeiner aufkeimen lassen. Doch jetzt! Klein-Lupo zog ein, der freche, selbstbewusste Entlebucher Sennenhund. Jeder Hundehalter weiß das, ob bewusst oder komplett ignoriert: Ein Tier – auf das wir uns einlassen – lehrt uns wesentliche Lektionen über die Kraft der Gegenwart. Lupo war darin ein so erfolgreicher Pädagoge, dass ich heute zwei Hunde, drei Katzen, drei Gänse und etliche Hühner zu meinen Lebenslehrern zähle ...

Dazu kam das enorme Privileg, Weihnachten und einige Sommerwochen in unserem Haus in der Toskana verbringen zu dürfen, das wir gemeinsam mit Freunden renovierten. Ich begann also, die Kraft der Natur und die Lebenskunst meiner Tiere zu nutzen, um das Bewusstsein für das Wesentliche in mein Leben zu holen, um mich weiter »umzuprogrammieren«.

Mit der Sendung »Leute heute« endete 2007 übrigens auch meine jahrzehntelange Leidenschaft für das Tagebuch. Nach der Abschiedsfeier mit meiner Redaktion war Schluss. Das war keine bewusste Entscheidung – es passierte einfach. Die Zeit der Selbstreflexion war vorbei. Behutsam trat etwas anderes an ihre Stelle. Ich traute mir langsam zu, den Extrakt meines lebenslangen Suchens und Findens weiterzugeben. Das Buch *Der unbesiegbare Sommer in uns* entstand. Dann kam der entsprechende Vortrag dazu. Die Reaktionen des Publikums waren so positiv, dass ich ein Online-Coaching entwickelte.

Was ich heute bin, ist ein Hinweis auf das, was ich gelernt habe, aber nicht auf das, was mein Potenzial ist.

Was zeigt mein Weg, der sicherlich nicht exemplarisch ist, aber doch einen immer stärker wahrnehmbaren roten Faden bekommen hat? Jeder hat die Freiheit, in eigener Verantwortung Risiken einzugehen – anstatt auf »Nummer sicher zu gehen« und nichts Neues zu wagen. Ich wiederhole die Gedanken von VIRGINIA SATIR, weil ich am Ende dieses Kapitels noch etwas hinzufügen möchte: Treiber dafür, unser Potenzial zu entwickeln, ist ein *inneres Ziel*. Das *innere Ziel* können wir aus unserer

Lebenssehnsucht destillieren. Also tun wir das jetzt –
und zwar in Form eines Bildes oder eines Symbols, Ihres
Symbols dafür. Sie können es mit sich tragen, realge-
zeichnet, ausgedruckt oder in Ihrer Imagination, um sich
wieder und wieder zu erinnern:

Das ist mein inneres Ziel.

Dazu eine weitere Meditation.
Nehmen Sie Ihre Meditationshaltung ein. Verfolgen Sie
Ihren Atem, wie er ein- und wieder ausströmt aus Ihrem
Körper. Nehmen Sie wahr, wie sanft er Sie mit Leben
versorgt. Geben Sie sich Zeit dafür.

Spüren Sie, wie Ihre Gedanken zur Ruhe kommen, wie
sie wegfliegen – und Raum sich öffnet, gedankenfrei.
Geben Sie sich Zeit dafür. Sie fühlen innerlich klar und
in tiefer Ruhe. Sie befinden sich an einem Strand, vor
Ihnen das sanfte Meer. Hin und wieder hören Sie das
Geräusch glucksender Wellen. Es ist warm. Sie sind bar-
fuß. Sie lehnen an einem Baum mit ausladender Krone.
Die Sonne steht tief im warmen Rot am Meereshorizont.
Sie spüren: Das hier ist ein geschützter Ort. Nehmen Sie
sich Zeit, in dieses Bild einzutauchen.

Da ist kein Gestern. Da ist kein Morgen. Da sind nur Sie,
der warme Sand, das Meer, die Sonne, der Himmel und
der Baum. Sie spüren Dankbarkeit. Sie fühlen Demut. Sie
fühlen die Kraft der Liebe. Nehmen Sie sich Zeit für dieses
Gefühl. Sie fragen sich: »In welchem Gefühl möchte ich
leben? Welche Haltung zum Leben wird mich tragen? Was
ist meine Sehnsucht für mein Leben? Welche Worte als
Hinweise darauf finde ich dafür?« Nehmen Sie sich Zeit.

Sind Sie Ihrer Lebenssehnsucht schon näher gekommen? Vergessen Sie die Zeit. Es ist alles schon da. Das, wonach Sie sich sehnen, ist da. Fühlen Sie dem nach.

Und nun verwandeln Sie dieses Gefühl in ein Bild oder ein Symbol. Suchen Sie nicht aktiv danach, laden Sie es ein. Bleiben Sie in Ihrem Gefühl und beobachten Sie, welches Bild oder welches Symbol sich vor Ihrem inneren Auge zeigt. Sie werden wissen, ob es das ›richtige‹ ist. Bleiben Sie in Ihrem Bild oder in Ihrem Symbol.

Dann atmen Sie tief ein – und mit dem Ausatmen beenden Sie die Meditation. Bleiben Sie in der Gestimmtheit, und zeichnen Sie auf ein Blatt Papier, was Sie in Zukunft erinnern soll – an Ihr *inneres Ziel*. Bewahren Sie das Blatt an einem Ort auf, der nur Ihnen zugänglich ist.

Nutzen Sie dieses Bild oder Symbol, indem Sie es vor Ihrem inneren Auge entstehen lassen – und nur dann, wenn Sie sich darauf ganz und gar einlassen können. Sonst nutzt es sich ab.

7

SO ENSTEHT DER HUMUS FÜR DEN ICH-REFLEX. DIE FIXIERUNG AUF DIE EINE HÄLFTE DER EXISTENZ

Zerstörungsdrang ist das Ergebnis ungelebten Lebens.
(ERICH FROMM)

Sie haben sich nun ein wenig Ihrer Lebenssehnsucht genähert? Wenn Sie sich darauf eingelassen haben, sich in sie hineinzufühlen und sie vor Ihrem inneren Auge erscheinen zu lassen – als Symbol, auch als bewusste Formulierung ... War da neben dem wohltuenden Eintauchen in Ihre innere Welt vielleicht auch ein gewisser Schmerz zu spüren? War da die intuitive Erkenntnis, an etwas Wesentlichem vorbeizuleben – ja, tägliche Chancen für Erfülltheit, Glück leichtfertig zu ignorieren?

Darum soll es jetzt gehen: Wo wohnt sie denn, die »Lebenssehnsucht«? Aus welcher Quelle steigt sie auf, und wieso mutet ihr Ursprung so wenig fassbar, so fern und doch bekannt, so verschattet und zugleich vertraut an?

Der Psychologe JULIUS KUHL hat jahrzehntelang Persönlichkeitsstrukturen erforscht. Stark vereinfacht bedeutet das: Er hat die »hellen«, analytischen Anteile unserer Persönlichkeit ebenso wissenschaftlich zu fassen gesucht wie die »dunklen«, intuitiven, nicht intellektuellen. Zur Veranschaulichung des Bereiches in uns, in dem ich die »Lebenssehnsucht« verorte, gibt er die Geschichte des anatolischen Erzählers MULLAH NAS-RUDIN aus dem 13./14. Jahrhundert wieder:

Nasrudin trifft spät in der Nacht auf dem Heimweg einen Mann, der auf allen vieren unter einer Laterne seinen Hausschlüssel sucht. Er möchte dem Mann helfen und sucht mit. Nach einer halben Stunde gemeinsamen Herumkriechens fragt Nasrudin den Mann, ob er sich denn genauer erinnere, wo er den Schlüssel verloren haben könnte. Die Antwort verblüfft ihn: »Da unten, am Ende der Straße, vor meinem Haus!« Ja, warum suche er denn bloß hier, am anderen Ende der Straße?, fragt Nasrudin. »Das ist doch klar«, antwortet der. »Da hinten ist es dunkel. Hier unter der Laterne kann man viel besser sehen.«

Das, was wir Verstandesmenschen als »wesentlich«, als »erfüllend«, »beseelend« oder wie auch immer erahnen – wenn wir es denn wagen, uns dem überhaupt zu nähern, dann suchen wir dort, wo unser analytischer Verstand seine Instrumente bereithält: unter dem hellen Schein der sachlichen Erkenntnis. Dumm nur, dass sich das Objekt der Forschung mit diesen Instrumenten gar nicht zu erkennen gibt. Denn es wohnt ganz woanders. Dort, wo kein Licht brennt, wo Analytik und rationale Recherche völlig überfordert sind – in der Dunkelheit, am anderen Ende der Straße.

Deshalb mutet uns die Lebenssehnsucht so ... schwammig an, so wenig fassbar, so unkonkret. Und doch ist sie da – offenbar existent, sie steuert halb- oder unbewusst unser Wohlbefinden, unsere Gefühle. Und da solche nicht adressierbaren Grauzonen der Seele für sehr viele Menschen äußerst unangenehm sind, wird eine große Palette an mentalen Betäubungsmitteln bemüht, um den Schmerz des nicht gelebten Lebens nicht mehr zu spüren. Der *Ich-Reflex* gehört dazu. Er zeichnet sich durch eine besonders starke Deckkraft aus.

Der römische Philosoph SENECA hat eine drastische Formulierung für diese Form kollektiver Verdrängung:

Nicht nur einen Tod gibt es. Der uns dahinrafft, ist nur der letzte.

Da stirbt also etwas in uns ab? Oder zumindest siecht es massiv dahin? Was ist das denn nun genau?
Heute können das Wissenschaftler ziemlich gut lokalisieren. Deshalb kommt JULIUS KUHL und seinem Kollegen DAVID SCHEFFER nun eine wegweisende Rolle zu. Beide beschäftigen sich intensiv *auch* mit den Persönlichkeitsanteilen von uns, die vom Verstand nicht erreichbar sind. Als da sind, und diese Aufzählung kann niemals vollständig sein: Das intuitive Verarbeiten von Informationen, das ganzheitliche Wahrnehmen komplexer Situationen, auf Neudeutsch die Achtsamkeit, da sind die Kreativität, das Mitgefühl, die Spiritualität, das Sensieren des Einsseins mit dem Ganzen, das Erleben des Seins im Jetzt etc.

Wir befinden uns nun also im Grenzgebiet von Psychologie und Neurologie, der Gehirnforschung – und letztere sagt uns: Das »Intuitive« ist in der rechten Gehirnhälfte lokalisiert. Das strikt getrennte Hemisphärenmodell ist zwar längst überholt, das besagte: in der linken Hemisphäre säßen *ausschließlich* die kühle Ratio, das logische

Denken, das systematische Planen, das Sprachzentrum, das Schritt-für-Schritt eindimensionale Denken – und in der rechten tummelte sich die ganzheitliche gefühlsbasierte Intuition. Man weiß heute: Beide Hirnhälften arbeiten im Normalfall gedeihlich zusammen und übernehmen partiell auch Aufgaben der anderen Seite. Doch nicht nur KUHL und SCHEFFER postulieren: Diese Zusammenarbeit hat in der Neuzeit eine erhebliche Unwucht erreicht, und diese Unwucht hat uns alle, die wir der Gattung *homo oeconomicus* entstammen, schwer aus dem Gleichgewicht gebracht.

Bei Tieren funktioniert diese Kooperation der beiden Hirnhälften ohne Probleme. Ein Spatz pickt zum Beispiel hochkonzentriert und von *links* gesteuert alle verfügbaren Krümel vom Boden auf. Oder er baut mit größter Raffinesse Stöckchen für Blättchen ein kunstvolles Nest. *Links* ist eng fokussiert, lenkt die Aufmerksamkeit auf bekannte lebensnotwendige Dinge. *Links* ist die Konzentration, der Zoom. Gleichzeitig ist die *rechte* Hemisphäre permanent aktiv. Hier geht es um die weite Perspektive. Alles, was neu und unerwartet ist, muss schnell wahrgenommen, bewertet und ins Handeln überführt werden. Vielleicht naht ein Fuchs, ein Habicht, die Reaktion ist natürlich sofortige Flucht. *Rechts* kann Komplexes wahrnehmen, ohne überfordert zu sein, rechts hat den Überblick, rechts arbeitet mit Bildern, Mustern, mit generationsübergreifender, ganzheitlicher Intelligenz. *Rechts* ist Achtsamkeit, ist Weitwinkel.

Und so verleiht das Zusammenspiel der beiden Hemisphären dem Spatz die optimale Position im Wettbewerb, der Leben heißt: Er kann sich hoch konzentriert der Nahrungsaufnahme, der Balz, dem Nestbau etc. widmen – *und* er ist zugleich verbunden mit dem Ganzen um ihn herum. Er nimmt ganzheitlich wahr: Chancen, Gefahren, Veränderung – und stellt sich optimal ein auf den Fluss des Lebens mit all seinen Gefahren.

Anders beim Menschen. Denn der hat sich – zumindest in unseren westlichen Breiten, doch das Phänomen hat sich bereits sehr weit nach Osten ausgedehnt – seit einiger Zeit zum sogenannten *homo oeconomicus* gewandelt. SCHEFFER dazu: »Der *homo oeconomicus* wird in unserem Wirtschaftssystem geradezu gezüchtet«. Gewinnmaximierung und Wirtschaftswachstum waren sicherlich starke Motoren für die Entwicklung der Errungenschaften unserer sozialen Marktwirtschaft. Der *homo oeconomicus* war ein Garant dafür: Er – und damit meine ich natürlich *WIR* – spaltete ab, was nicht der Forschung und Entwicklung neuer, bahnbrechender Technologien, der Optimierung von industriellen Prozessen, von medizinischem Fortschritt – und permanentem Wachstum von Volkswirtschaft und Gewinn diente. Wir profitieren heute alle auf das Feinste davon. Doch die reine, ja ideologische Fixierung auf ein Menschenbild, das ausschließlich dem wirtschaftlichen Fortschritt dient, hat – mit SENECA – zu einem der zahlreichen Tode vor dem Tod geführt: zur sträflichen Vernachlässigung, ja zur kollektiven Verdrängung des *Rechtsseitigen* in uns, der Verbundenheit mit dem Sein. Damit waren auch Mitgefühl und Altruismus, Achtsamkeit und Spiritualität mit allen Konsequenzen für die Charakterbildung weitgehend aus dem gesellschaftlichen Spiel gefallen.

TANIA SINGER, Forschungsgruppenleiterin am Max-Planck-Institut für Soziale Neurowissenschaften in Leipzig, kommt allerdings nach gründlicher Analyse der Spezies für unsere Jetztzeit zu dem so überraschenden wie lapidaren Schluss: »Das Modell des *homo oeconomicus* ist veraltet.« So schnell verändern sich Arten in der Evolution? Natürlich nicht. Aber genetisch angelegte Potenziale werden in Abhängigkeit von gesellschaftlicher Veränderung genutzt, entwickelt – oder auch nicht.

Keine Frage, das Modell *homo oeconomicus* ist veraltet. Doch es hat unser Denken, unsere Lebensweise, die Politik, Wirtschaft, Medien – alles geprägt, was *uns* heute prägt. Deshalb hat das Modell *homo oeconomicus* Denk- und Lebensstrukturen geschaffen, die ein hohes Beharrungsvermögen aufweisen. Unsere Wahrnehmungsmuster sind enorm einseitig *links-hirnig* organisiert. RENÉ DESCARTES, Philosoph und Begründer des neuzeitlichen Rationalismus, hat schon im 17. Jahrhundert das Mantra unseres Selbstverständnisses im neuen Jahrtausend geprägt:

Ich denke, also bin ich.

Und im Umkehrschluss gilt für den *homo oeconomicus*:

Ohne Denken bin ich nichts.

Das ist es, was wir lernen – im Kindergarten, in der Schule, im Beruf, in der Familie, überall. Was ich rational begründen und mit Worten definieren kann, das ist wichtig, das ist existent. Das setzt die Maßstäbe. Was natürlich Sinn macht und notwendig ist in einer hoch technisierten Gesellschaft und impliziert, dass die Ratio allein seligmachend sei.

Sie ist es nicht. So weit haben wir heute wohl verstanden. Zu viele Menschen verzweifeln im Käfig der nüchternen Rationalität. Die psychosomatischen Folgen in Form von seelischer und körperlicher Erkrankung haben erschreckende Dimensionen erreicht. Du trinkst ein Glas Wein, du fährst mit 180 Sachen auf der Autobahn, du kaufst dir was Tolles. Da fühlt sich doch alles plötzlich viel lebendiger an! Blöd, dass der Effekt nur so kurz anhält. Was Drogen halt so an sich haben. Und *was* wollen wir nun betäuben, immer wieder?

Wir wollen den Schmerz betäuben, der uns latent an das erinnert, was wir abgespalten haben. Es ist die *andere Seite* in uns. Es die Seite, die intensiv vernetzt ist mit unserem Körper und seinen Funktionen, die intuitiv spürt, was menschliche Wärme wert ist und wo die Liebe zum Leben wohnt. Es ist die Seite, die uns die Dankbarkeit fühlen lässt für das geniale Geschenk des Lebens. Es ist die Liebesfähigkeit in uns. Der Schmerz erinnert uns daran, was wir *nicht* leben. Doch wenn wir nicht gelernt haben, auch mit der anderen Seite zu leben, sie in unser Sein zu integrieren, dann führt uns der Schmerz nicht gelebter Dimension in ein Ohnmachtsgefühl hinein. Das fürchten wir. Also betäuben wir den Schmerz.

Ein Schrecken kann nur heilsam sein, wenn wir ihn als Zeichen verstehen.

ERNST R. HAUSCHKA, Doktor der Philosophie und Aphoristiker, spitzt die Symptome unserer Halbheit zu. Ein Leben *ausschließlich* oder weitgehend von der genialen Ratio in uns dominiert, kann stringent in den persönlichen *Schrecken* führen. Dieser Schrecken nährt sich aus der Tragik, dass äußerlich zumindest vieles stimmen mag: Lebensstandard, Beruf, Familie, Freunde – doch innen nagt das Leiden an Leere, an mangelnder Lebenslust, an Sinn. Es gibt tausende Wege zu fliehen (neuer Partner, neuer Job, neues Auto) – sich zu betäuben (jede Droge, die mangelnde Lebenslust kurzfristig ersetzt) oder sich selbst so aufzuwerten, dass das Ego lustvoll zu glühen beginnt.

Der *Ich-Reflex* also als routinehafte Reaktion, um sich mit dem Plustern des Ego so viel Genugtuung einzubilden, dass der Schmerz nicht gelebten Lebens darin untergeht? Zumindest temporär? Emotion überdeckt Emotion, das würde passen. Das beflügelnde Gefühl von Überlegenheit, die Befriedigung, andere bloßgestellt oder zumindest als deutlich *wertloser* als sich selbst einordnen zu können, das trennt. Die Verwichtigung trennt vom Gegenüber – und von der eigenen emotionalen Gemengelage. Eine scheinbar perfekte Methode, den Schmerz zu betäuben … die zum *Schrecken* führen kann, der *nicht heilsam* ist, zum Burnout, zur Depression – oder auch zu Wut und Aggression:

Zerstörungsdrang ist das Ergebnis ungelebten Lebens.

ERICH FROMM beschreibt (natürlich nur manche Formen) scheinbar sinnloser, spontaner Aggression als Folge *ungelebten Lebens*. Und was ist ein hemmungslos ausgelebter *Ich-Reflex* anderes als Zerstörung? Zerstörung nämlich von liebevoller Beziehung, von Nähe, Wärme und Geborgenheit?

Das ist natürlich eine gewagte These, zu behaupten, dass unsere westlichen und zunehmend auch östlichen Gesellschaften aus der Abspaltung eines wesentlichen Teils des Menschseins ihre zum Teil zerstörerische, aber auch enorme produktive Kraft generierten. Wieso merkt das dann kaum einer? Wieso ist das kein Thema in der öffentlichen Diskussion?

Zum einen *merken* das natürlich sehr viele Menschen. Deshalb gibt es prompt den Gegentrend – wie der Trendforscher MATTHIAS HORX so wunderbar griffig formuliert:

Jeder Trend erzeugt einen Gegentrend, einen Widerstand im System, auf den er einwirkt. Die »wahre« Zukunft entsteht aus Synthesen und Re-Kombinationen zwischen Trends und Gegentrends. Die Zukunft ist das Produkt einer Turbulenz mit komplexer Tendenz.

Auch wenn wir es mit der kollektiven Abspaltung einer wesentlichen Seite des Menschseins nicht unbedingt nur mit einem *Trend* zu tun haben, ist natürlich die Zahl derer, die die Halbheit spüren und sie überwinden wollen, stetig gewachsen. Die Sensibilität dafür war weiß Gott nicht immer vorhanden. Wir in Deutschland entstammen ja geradezu einem emotionalen Niemandsland. Mit dem Wahnsinn des Zweiten Weltkriegs dürfte das Verdrängen, das Abspalten des Emotionalen, des Intuitiven und überhaupt der Sehnsucht nach Ganzheit für so viele die einzige, allerdings unbewusste Überlebensmethodik bedeutet haben. Traumatherapeuten? Psychologische Unterstützung beim Verarbeiten unfassbarer Gräuel? Das offene Gespräch mit Vertrauten? ... Gab es nicht. Wer den Bombenhagel, das grauenhafte Gemetzel, das massenhafte Sterben, die Schützengräben, das KZ, Vertreibung und Deportationen oder die Kriegsgefangenschaft überlebt hatte, was brauchte der denn schon für Hilfe? Der konnte doch froh sein, dass er noch lebte ...

Wir alle sind Kinder oder Enkel einer Generation, die weitgehend unbewusst die ganzheitliche, intuitive, die liebende Seite in sich zumindest partiell eliminieren musste, um das wegzusperren, was allein nicht zu verarbeiten war. Mit der wuchernden Panik, den überbordenden Schuldgefühlen und Erfahrungen jenseits jeder Menschlichkeit musste sie *jede Form* an Emotionen vernichten, auch die, die uns tragen wie die umfassende Liebe.

Die Nachkriegsjahre – möchte ich behaupten – waren deshalb Jahre der extremen kollektiven *Linksausprägung* des Gehirns – und das in einer ganzen Generation. Abspalten, was nicht verarbeitet werden kann, als letzte Notbremse einer psychischen Extremsituation. Auf diesem mentalen Konstrukt haben wir ein sehr erfolgreiches Geschäftsmodell gebaut, dessen größte Heilungschance Richtung »Ganzheitlichkeit« die deutsche Wiedervereinigung war.

Die deutsche Einheit war ein Wunder. Das *linkshirnige*, völlig verkrustete Unmenschlichkeitsmodell DDR – und dahinter natürlich das der UdSSR – ließ es in einem Moment enormer Schwäche zu, dass der ebenfalls *linkshirnig* geprägte Westen sein völlig anderes Freiheitsmodell von Individualität und Wettbewerb weit in den damaligen Ostblock hinein auswerfen konnte. Ein geradezu – wie wir heute sagen würden – *disruptives* Ereignis und damit von ungeheurer Emotionalität, von Enthusiasmus bis zum Hass der Verzweiflung. Was für eine Chance ... auf die Rückeroberung des Abgespaltenen, auf die Wiederentdeckung des *Rechtsseitigen*! Wer alt genug ist, sich zu erinnern, der weiß: Die Komplexität, auch das hohe Risiko des Prozesses der Wiedervereinigung am Ende des Kalten Krieges waren so virulent, dass letztlich innenpolitisch das Materielle, die Währungsunion, die Sicherheit der Ost-Renten etc. und außenpolitisch die großen Fragen des politischen Gleichgewichts, der NATO-Zugehörigkeit, des Truppenabzugs etc. die gesellschaftliche Transformation so überwältigend bestimmten, dass die Chance auf mentale Befreiung in Richtung Ganzheitlichkeit auf der Strecke blieb.

Die *Linksdominanz* spiegelt sich bis heute in den meisten unserer gesellschaftlichen Strukturen: Zunächst natürlich im politischen System, in Schule, Universität, in Wirtschaft und Verwaltung – und in uns, die wir über all das kritisch berichten: in den Berichterstattern, Journalisten. SCHEFFER spricht vom »*Hall of Mirrors*«-*Effekt*. *Auch in den Medien arbeitet man nur mit »links«. Rechts hat keine Stimme.*

Egal, wohin wir gehen, was wir tun, wen wir treffen – gespiegelt wird in der *Spiegelhalle* des gesellschaftlichen Selbstverständnisses nur eine Ebene unserer Wahrnehmungskapazität: Die Ausschließlichkeit rationaler Analyse, die sprachlich bis ins Detail fixiert werden kann.

Wohlgemerkt: Ich plädiere hier nicht für eine einseitige *Rechtssteuerung*. Ich möchte dafür werben, sich bewusst zu werden, dass jeder von uns über *zwei sehr verschiedene neuronale Systeme* verfügt, die im optimalen Falle *beide gemeinsam* unser Verhalten steuern.

Mein Plädoyer: Lasst uns lernen, unseren analytischen Verstand, unsere geniale sprachliche Kompetenz bewusst zu nutzen und zu steuern – sodass wir genug inneren Raum zur Verfügung haben, auch das *Rechtsseitige* arbeiten und wirken zu lassen. Dazu braucht es Vertrauen in die intuitive, ja spirituelle Intelligenz der rechten Hemisphäre – die durch analytische Methoden weder exakt zu messen noch bis ins letzte Detail definierbar ist.

Je stärker wir allerdings die *rechtsseitige* Dimension verdrängen, desto größer klafft die innere Wunde. Irgendwas fehlt. Irgendwas Elementares, Lebensnotwendiges ist mir entgangen. Die *rechte* Dimension meldet sich wieder und wieder als »Lebenssehnsucht«, mit dem Schmerz der Melancholie bis hin zum *Zerstörungsdrang als Ergebnis ungelebten Lebens*, um ERICH FROMM nochmals zu zitieren. Da wir keine Instrumente kennen, uns dem *Rechtsseitigen* zu nähern, es aktiv in unseren Alltag zu integrieren, bleibt das schale Gefühl der Halbheit und der Leere zurück und – wie gesagt – es ist mit Ohnmachtsgefühlen gepaart.

Auch auf die Gefahr hin, dass ich mich wiederhole: Wer will schon Halbheit, Leere, Ohnmacht fühlen? Also kommt hier die Droge ins Spiel. Damit sind nicht nur klassische Drogen wie Halluzinogene, Betäubungsmittel, »Genussmittel« wie Alkohol und Zigaretten gemeint, sondern alles, was kurzzeitig das Glücks-Hormonsystem zum Sprudeln bringt (Dopamin, Serotonin, Noradrenalin, Endorphine, Oxytocin). Der *Ich-Reflex* gehört als wichtiges Betäubungsmittel der Sorte *Du sollst nichts merken* dazu.

Der israelische Aphoristiker ELAZAR BENYOËTZ gibt uns den nächsten Impuls:

Ich möchte der sein, der ich bin, nicht der, der ich wurde.

Wenn unsere Welt des 20. und 21. Jahrhunderts tatsächlich eine *Hall of Mirrors* ist, in der wir linksgespiegelt zu leben und zu handeln lernten, dann würde es doch spätestens jetzt sehr viel Sinn machen, die Kapazitäten und Fähigkeiten in uns zu entwickeln, die jenseits der Spiegelwelt in jedem von uns existieren?

Darauf spielt BENYOËTZ an – auf die Chance der Ganzheit, die jedem von uns gegeben ist. Wir können ja einem wesentlichen Wegweiser folgen, den wir bereits ins Bewusstsein holten: nämlich der Lebenssehnsucht. Und es sind schon sehr, sehr viele Menschen unterwegs! Dieser Trend scheint fast eine evolutionäre Notwendigkeit zu sein. Je komplexer, je undurchschaubarer und unvorhersagbarer unsere Lebenswelt wird, je schneller sie sich wandelt, desto weniger reicht unser linearer, analytischer Verstand, um sich einigermaßen angstfrei und optimistisch im Wandel einzurichten. Dazu kommen die unübersehbaren Defizite, ja Schäden, die Zerstörung und Selbstzerstörung, die eine kollektive *linkshirnige* Ausrichtung bewirkt. Mithilfe der *rechten Hemisphäre* könnte die Komplexität des 21. Jahrhunderts deutlich besser zu verarbeiten sein.

Den breiten gesellschaftlichen Werte- und Entwicklungs-
mangel erspüren und erkennen also immer mehr Menschen. Da ist – nicht nur in der westlichen Welt – eine
breite, inhomogene, bunte Strömung der Suche nach
einem *neuen Bewusstsein* entstanden – bis hin zu den
merkwürdigsten Ablegern esoterischer Ideologie. Doch
einen gemeinsamen Nenner hat BENYOËTZ sozusagen
vorformuliert: *Ich wurde der, der vor allem linksseitig zu
leben lernte. Doch ich bin ein Mensch beider Seiten. Jetzt
möchte ich lernen, dieser ganze Mensch zu sein.*

Diesen mentalen Trend sucht Google massiv zu nutzen.
Offenbar ist der Unternehmensführung klar, dass die
enorme Beschleunigung der digitalen Durchdringung der
Welt, das Entstehen von Start-ups und ihr massenhaftes
Sterben, bis dann einige wenige ganze Großkonzerne
ins Trudeln bringen … dass dieses neue digitale Chaos
ein völlig neues Denken braucht, ein ganzheitliches,
komplexitätstaugliches. Deshalb hat Google die *rechte
Hemisphäre* entdeckt. Wer bei Google arbeiten möchte,
muss einen extremen Selektionsprozess durchlaufen.
Hervorragende IT-Kompetenz ist selbstverständliche
Voraussetzung für eine Bewerbung. Entscheidend sind
dann Kriterien wie kreatives, »großes« Denken, Team-
fähigkeit, geringe Ego-Ausprägung, positives Denken,
hohe Frustrationstoleranz etc.

Wer es geschafft hat unter den drei Millionen Bewerbern
jedes Jahr, wird als »Neu-Googler«, also »Noogler«, Mit-
glied einer heterogenen, multikulturellen *und* durchaus
elitären Truppe, die sich auf die Fahnen geschrieben
hat, die Welt zu verbessern und zugleich den Gewinn
enorm zu vermehren. Wer einsteigt bei Google, wird

Angebote zur Selbstentwicklung nutzen. Der Chief Innovation Evangelist (Führungskräfte tragen tatsächlich die biblische Funktionsbeschreibung eines Verkünders und Missionars) sorgt dafür, dass Zehntausende der Mitarbeiter CSI-Workshops (»Creative Skills for Innovation«) durchlaufen, in denen die Kreativität, Intuition und Komplexitäts-Kompetenz der *rechten Hemisphäre* freigelegt und trainiert werden. Per *gThanks* kann sich jeder Mitarbeiter bei einem Kollegen für eine Projektidee, eine gelungene Zusammenarbeit etc. bedanken. Der Dank kann sogar mit einem kleinen Geldbetrag zur materiellen Anerkennung verbunden sein. Man wird also motiviert, das Danken offensiv für das Teambuilding zu nutzen. Und in der »Garage« in Mountain View – einer Art Werkstatt mit Interieur von Krempel bis Hightech, von der Nähmaschine bis zum 3D-Drucker – stehen den IT-Profis jede Menge handwerkliche Angebote zur Verfügung, um losgelöst von stringenter Projekterfüllung völlig Neues, Verrücktes entstehen zu lassen. Allerdings: Eine gewisse Realisierungschance sollte möglichst doch mit ersponnen werden.

Das ist phänomenal. Jungen, enorm ehrgeizigen IT-Spezialisten, die mit Sicherheit jede Menge *Linkshemisphäre* benötigten, um als Mitarbeiter bei Google landen zu können, werden auf den *Rechtshemisphären-Entwicklungstrip* gesetzt. Weil nur mithilfe der *ganzheitlichen Gehirnleistung* ihrer Mitarbeiter die Digital-Giganten in der Welt von Morgen und ihrem hoch komplexen und irrwitzig temporeichen Wettbewerb bestehen können.

Ausgerechnet die Konzerne, die die coolste, abstrakteste Geschäftsgrundlage haben, nämlich Internet-Technologie, benötigen für ihr Überleben und vor allem für das Prosperieren *ganzheitlich* programmierte Mitarbeiter. Deren Umfeld wird auch entsprechend konsequent gestaltet: Büros mit Grünzeug und Wohlfühlcharakter – aber natürlich doch irgendwie futuristisch, dazu bestes Essen in der Kantine, Sportangebote, Massage, Reinigungs- und Einkaufsservice und vieles andere mehr, was »old economy«-Konzerne nicht zu bieten imstande sind: Google gestaltet eine schöne, neue Arbeitswelt, die jede Menge Impulse für die Entwicklung der *rechten Seite* bietet. Wie lupenrein es dann letztlich um die Mission stehen mag, die Welt besser zu machen, kann ich nicht beurteilen. Ist sie von *links* getrieben, vom führenden Ziel der Gewinnmaximierung? Oder doch auch von *rechts*? Die Welt von allen Krankheiten befreien, der Menschheit alles Wissen der Welt gratis zur Verfügung stellen – hehre Ziele, deren edler Charakter spätestens dort endet, wo die Manipulation des Nutzers beginnt. Und wie es darum steht, ist für den Laien zum Teil nur zu erahnen und berechtigt zu großer Sorge.

Weshalb das Google-Beispiel? Weil weltweit ein starker Trend zur *Ganzheitlichkeit* entsteht. Die Gretchenfrage dürfte nun sein: Wie macht man das so ganz praktisch? Wie bringt man die beiden Gehirnhälften zur gedeihlichen Zusammenarbeit? Und dann: Wie hältst du es mit der Selbstentwicklung? Oder möchtest du geführt, geleitet sein – brauchst du Coach, Guru, Trainer? Wie konsequent willst du der Leuchtturm deines Lebens sein? Also: Wie aktiv und selbstbewusst möchtest du deine eigene Transformation gestalten?

Ich persönlich habe mich längst für Selbst-Entwicklung entschieden. Anregung, Impulse von außen sind notwendig und wertvoll. Doch die Erkenntnis, dass ich mich nur ganz allein und in Eigenregie zu einer *ganzen* Persönlichkeit entwickeln und auf dem Weg dorthin nichts delegieren kann ... diese Erkenntnis prägt mein Handeln und meine Orientierung.

Folglich bin ich täglich dabei, mich umzuprogrammieren. Will heißen: Ich trainiere mich darin, mir die trügerische *Normalität* der linkslastigen *Hall of Mirrors* zunächst bewusst zu machen, in möglichst jeder noch so unbedeutenden Situation – inklusive der vielen kreativen Spielarten des *Ich-Reflexes* – und dann in vielen kleinen, selbstbestimmten Momenten das *Rechts,* das Intuitive, das Achtsame, authentisch Spirituelle zu entwickeln, indem ich Raum öffne dafür. Ich bin davon überzeugt: Jeder von uns braucht seine ganz individuellen Miniaturübungen, Rituale dafür – die wir auch nur selbst entwickeln können. Dazu im nächsten Kapitel mehr.

Jetzt, zum Abschluss dieses Kapitels, eine kleine Übung, die uns ein erstes Gefühl dafür geben kann, *links* und *rechts* in den Dialog miteinander zu führen.

DAN MILLMAN ist US-Amerikaner und war Trampolin-Weltmeister – also sehr erfahren, die Welt mindestens dreidimensional zu erleben. Ob er an die beiden Hemisphären dachte, als er folgenden Satz schrieb, ist allerdings nicht überliefert:

Frage dich in jeder schwierigen Situation: Was würde der stärkste, mutigste, liebevollste Teil meiner Persönlichkeit jetzt tun?

144

Am besten lernen Sie diesen Satz auswendig. Und dann wenden Sie ihn an! In völlig unbedeutenden Entscheidungssituationen, wenn ein berufliches Problem zu lösen ist – oder auch in einer partnerschaftlichen Auseinandersetzung: Halten Sie inne. Machen Sie sich bewusst, wir Ihr *linksseitiges* Gehirn funktioniert: Analytisch, rational, sprachbegabt, kategorisierend. Beobachten Sie, ob Ihr *Ich-Reflex* irgendwie reagiert. Nehmen Sie das alles wahr – und lassen Sie es los. Und jetzt richten Sie den wunderbaren Satz von DAN MILLMAN an Ihre rechte, Ihre intuitive und ganzheitlich orientierte Seite:

Frage dich in jeder schwierigen Situation: Was würde der stärkste, mutigste, liebevollste Teil meiner Persönlichkeit jetzt tun?

Grübeln Sie nicht, schalten Sie wenn möglich das Denken aus. Warten Sie einfach: Was könnte dieser *andere* Teil meiner Persönlichkeit für eine Idee haben? Halten Sie inne und fragen Sie sich tatsächlich selbst: *Welche Idee hat meine rechte Seite?* Probieren sie es einfach aus, auch wenn diese Übung vielleicht ein bisschen albern klingt. Sie können nichts verlieren – nur gewinnen.

Ein bisschen Übung gehört dazu, etwas Erfahrung mit dieser spannenden Form, die andere Seite in sich selbst zu adressieren. Sie werden überrascht sein, welche Ideen sie für Sie entwickelt!

8

WIEVIEL LINKS – WIEVIEL RECHTS BIN ICH? RAUM ÖFFNEN LERNEN

....

Viele denken, sie sind frei, weil sie machen können,
was sie wollen – und merken doch nicht,
dass sie ihre Diktatur in sich tragen.
(ERNESTO CARDENAL)

....

Gut, sagen Sie sich jetzt vielleicht: Ich habe meine linke Seite, die rationale, analytische, eng fokussierte viel stärker trainiert als die rechte – weil alle das tun in unserem Kulturkreis. Dann programmiere ich mich eben um. So wie die Nina Ruge das ja offensichtlich selbst für sich tut. Dann trainiere ich von jetzt an mal ordentlich die rechte Seite . ...

Ein wunderbares Vorhaben. Darum wird es von nun an in diesem Buch auch gehen. Wichtig ist nur, dass wir uns der etwas ernüchternden Einschränkung bewusst sind, die der Kabarettist und Mitbegründer der Münchner Lach- und Schießgesellschaft OLIVER HASSENCAMP so bildhaft formulierte:

Bei den wenigsten Gefängnissen sieht man die Gitter.

Unsichtbare Gitterstäbe? Was könnte das sein in unserem Inneren, was Veränderung – und gerade eine solch tiefgreifende mentale – blockieren könnte? Da gibt es durchaus einiges in uns, das sich dem Wandel verwehrt.

Zum einen sperren sich schlicht und einfach unsere neuronalen Verschaltungsmuster. Alles, was wir häufig tun (Autofahren, Zähneputzen, Abtrocknen nach dem Duschen ...), häufig denken (»Mag der mich?«, »Was muss ich noch tun heute?«, »Was koche ich heute?«) oder auch gewohnheitsmäßig immer gleich bewerten (»Regen ist furchtbar«, »Mein Sohn hört mir nicht zu«, »Dicke Menschen sind undiszipliniert«) wird mit der Zeit in neuronalen Verknüpfungen schablonisiert. Das will heißen: Es laufen automatische Denk- und Handlungsprogramme in mir ab. Die machen natürlich Sinn: Sie entlasten mein Denk-Volumen. Vieles, was Routine ist, läuft von allein ab – und mein Gehirn kann sich auf aktuelle Herausforderungen fokussieren. Das ist effizient. Allerdings gehören Denk- und Wahrnehmungsmuster wie *vorrangig linksseitig denken* auch zu Automatismen dieser Art. Wollen wir solche *Gefängnisgitter* auflösen, müssen wir uns umprogrammieren. Das klingt etwas mechanistisch, bedeutet aber sehr kreativ und praktisch: Wir verschalten unsere Nervenbahnen neu. Das geht. Allerdings braucht das Geduld, Konsequenz und regelmäßiges Üben. Sonst schnappt die Gewohnheit wie von einem Gummiband gezogen wieder in das alte Muster zurück. Fest verschaltete *Linksmuster* sind also nicht so einfach zu reduzieren. Damit sich dennoch innerer Raum öffnen kann für die Erfahrung des *Rechtsseitigen* braucht es Geduld. Beim selbst gesteuerten Umprogrammieren geht es folglich um ein länger andauerndes Projekt mit sich selbst, denn das innere Ziel ist nichts weniger als ein neues Fühlen und Denken. Da legt man nicht einfach einen Schalter um. Doch wenn Sie tatsächlich damit beginnen, werden Sie derart beglückende Erfahrungen machen, dass die trockene Vokabel »Umprogrammierung« geradezu ein magisches Mantra wird.

Zum anderen wirkt da noch ein weiteres, quasi autarkes System in uns. Auch dieses wehrt sich gegen die Umprogrammierung neuronaler Muster, und dieses System ist so alt wie die Menschheitsgeschichte: Ich meine unser Reptiliengehirn, entwicklungsgeschichtlich das Älteste, was wir im Kopf mit uns herumtragen, in der Fachsprache *limbisches System* genannt. Dieses Hirnareal arbeitet geradezu archaisch und ist hochwirksam auf Arterhaltung und Überleben programmiert. Dort sitzt – lax gesprochen – ein schuppiges Tier, das uns permanent einflüstern will: »Mehr! Mehr! Mehr! Alleshabenwollen! Und zwar sofort! Und das ganz für mich allein! Alles bunkern, was geht – für schlechte Zeiten! Sofort weglaufen, wenn es brenzlig wird! Andere kaputthauen, die mir Böses wollen!« Nichts weniger als ein Mega-Ego ist es also, das da sozusagen auf unserer inneren Kommandobrücke hockt. So ist der *Ich-Reflex* tatsächlich ein tief in unserer Entwicklungsgeschichte angelegter Reflex, der uns bereits dann nach der Sahnetorte greifen lässt, bevor unsere linke Seite klargezogen hat, ob wir überhaupt wirklich Hunger haben, ob für alle genug da ist oder die Teile halbiert werden sollten und was die Waage gestern angezeigt hat ...

An diesem Beispiel sehen wir aber auch sehr schön: *Limbi*, wie Bestsellerautor TIKI KÜSTENMACHER das schuppige Tier liebevoll getauft hat, *Limbi* ist irgendwie dressierbar. Sonst gäbe es nicht so viele Menschen, die sich in unserer Überflussgesellschaft *nicht* totgefressen haben. Wichtig ist, dass wir erkennen, was da für ein uralter Trieb in uns existiert – der sehr viel Sinn macht, wenn es um das unmittelbare Überleben geht, der sich aber aufführen möchte wie ein Leitwolf all unserer Reaktionen. Dabei ist heute nur noch ein netter Haushund erforderlich.

Wie wichtig es in unserer komplexen Wissensgesellschaft ist, *Limbi* konsequent zu dressieren, hat Ende der 60er-Jahre der Persönlichkeitspsychologe WALTER MISCHEL in seinem berühmten Marshmallow-Experiment an der Columbia University nachgewiesen. Inspiriert von seinen drei kleinen Töchtern, testete er etwa vier Jahre alte Kinder aus der Vorschule des Stanford Campus, wie sie *Belohnungsaufschub* durchhielten. Dazu legte der Versuchsleiter dem Kind, das allein im Raum war, einen Lieblingssnack direkt vor ihm auf den Tisch. Für viele Kinder war das ein Marshmallow. Er sagte dem Kind, es könne das Marshmallow jetzt sofort essen – oder aber es bekäme zwei davon, wenn es 15 Minuten warten würde, bis er in den Raum zurückkäme. Viele Kinder griffen das begehrte Stück trotzdem sofort. Manche anderen aber lenkten sich selbst höchst fantasievoll von dem Objekt der Begierde ab: Sie deckten es zu, sodass sie es nicht sahen, spielten mit den Füßen Klavier, erzählten sich eine Geschichte – und schafften die 15 Minuten *Impulskontrolle*. WALTER MISCHEL sagt dazu:

Kinder, die beim Marshmallow-Test auf die Belohnung warten konnten, waren stolz. Sie merkten, dass sie erreichen konnten, was sie sich vorgenommen hatten. Das stärkte ihr Selbstbewusstsein.[2]

Das Besondere an diesem Experiment war allerdings etwas anderes. MISCHEL und sein Team beobachteten nämlich dieselbe Gruppe der 500 damaligen Vorschulkinder – 13 Jahre später! Diejenigen Versuchsteilnehmer, die damals den *Belohnungsaufschub* tatsächlich durchgehalten hatten, die sich selbst und ihren *Limbi* also gut kontrollieren konnten, waren deutlich erfolgreicher im Leben und in der Schule, konnten Rückschläge besser verarbeiten, waren sozial kompetenter, emotional stabiler und seltener drogenabhängig oder übergewichtig als die Kinder mit geringerer *Impulskontrolle*. Und das wohlgemerkt, obwohl beide Gruppen in etwa gleich intelligent waren.

Die Frage, die uns jetzt umtreibt, ist natürlich die, ob *Impulskontrolle* angeboren oder erlernbar ist. Können wir die Kontrolle des gierigen Ego, des *Limbi* in uns trainieren? Oder haben unsere Gene die Kontrollchance bereits festgelegt?

WALTER MISCHEL sagt dazu:

Die Frage, ob Selbstbeherrschung, ja, der ganze Charakter eines Menschen angeboren oder von der Umwelt geprägt ist, ist überholt. Wir wissen heute, dass Gene bei Menschen durch Umweltfaktoren angeschaltet und vererbt werden können – zum Beispiel durch Stress der Mutter in der Schwangerschaft. Oder auch durch Freude. Gene und Umwelt lassen sich nicht voneinander trennen.[3]

Entscheidend sei für die Entwicklung einer gelungenen Selbstkontrolle das *heiße System* in uns, die reflexartigen Reaktionen der sofortigen Bedürfnisbefriedigung möglichst frühzeitig *abkühlen* zu lernen. Dieses Abkühlen leistet auch und besonders das *linksseitige* System im Gehirnareal des präfrontalen Cortex, direkt hinter der Stirn. Es entstand in der Evolution viel später als *Limbi*. Und so gilt das auch für die kindliche Entwicklung: Das *heiße System* steuert direkt die allererste Lebensphase, da geht es evolutionsbiologisch ums nackte Überleben. Haben! Haben! Haben! Ich! Ich! Ich! – und dann entwickelt sich im präfrontalen Cortex das Instrument, mit dem wir unsere *heißen* Reflexe herunterzukühlen lernen. Durch coole Analyse der Folgen unseres Handelns übernehmen wir die Steuerung unserer impulsiven Reaktionen.

Die gute Nachricht ist also: Wir haben für jede der beiden genannten Blockaden einer mentalen Veränderung mögliche Instrumente in der Hand: Die neuronalen Gewohnheits-Verschaltungen können wir – genauso wie die limbischen Ego-Reflexe – durch bewusste Selbststeuerung in die Richtung der Selbstentwicklung leiten, die wir wünschen. Im Fall der *Limbi-Reflexe* braucht es das *Abkühlen* mithilfe der Ratio von *links,* Methoden der nüchternen Handlungsfolgen-Analyse – und im Fall der neuronalen Umprogrammierung in Richtung *rechts* braucht es Methoden jenseits der Programme der *linken Hemisphäre.*

Beginnen wir dem Älteren von beidem, mit der *Impulskontrolle* des limbischen Systems. Wenn wir uns selbst ans Steuer unseres inneren Erlebens setzen, wenn wir der *Leuchtturm unseres Lebens* werden wollen, dann ist diese Fähigkeit eine Grundvoraussetzung dafür.

Selbstkontrolle hat für viele einen gewissen negativen Beigeschmack. Da schwingt Selbstkasteiung mit, Disziplin und mangelnde Lebenslust. Mönchisches Leben assoziieren wir, Askese – nichts, was uns in Glückstaumel versetzt.

Doch in sämtlichen Religionen finden wir sie, sehr prominent, wie auch immer sie benannt werden mag – die Impulskontrolle, die Selbstkontrolle als wesentliche Kompetenz für ein *gutes*, ein gelingendes Leben. Wie wäre es also, wenn wir Sympathien entwickeln würden für sie? Dann nämlich, wenn wir sie als das entdeckten, was in der Vokabel so offensichtlich ist? *Selbst*kontrolle besagt doch, dass ich mich aus freiem Willen *selbst* entscheide, was und wie viel ich in meiner inneren Welt kontrollieren möchte. Niemand zwingt mich – ich reguliere mein inneres Erleben selbst. Das ist ein Wert an sich und ein Prozess der Befreiung.

Selbstkontrolle zu lernen, ist bereits im Kindergarten ein wichtiges Ziel. Um schon mit Dreijährigen die Fähigkeit der Selbstkontrolle zu üben, beginnt man am besten mit der körperlichen Selbststeuerung, und das ist natürlich jede Form von Sport, Tanz, Musik, Gesang, aber auch künstlerische Aktivitäten: Bildhauen, Malen. Fortschritte der selbstgesteuerten Kontrolle sind unmittelbar zu sehen und zu erfahren. Sie stärken damit das *Selbst-Bewusstsein*. Ob Fahrradfahren, Skaten, Rollerbladen, Ballett, Chor oder Malen üben: Das Dranbleiben, Selbstüberwinden, wenn es mal klemmt und dann Fortschritte zu erleben, macht Selbstkontrolle zu etwas Wunderbarem. Dabei wurde *Limbi*, der partout keinen Sinn in all dem erkennen konnte, freundlich übergangen.

Die linke Hemisphäre hat den Heißsporn runtergekühlt, um das längerfristige Ziel zu erreichen, das so glücklich macht. Fahrradfahren können! Skaten können! Malen können!

Mir selbst unterstellen manche, ich sei zu diszipliniert … weil ich mich vor vielen Jahren dazu entschieden habe, mich gesund und vegetarisch zu ernähren – sowie regelmäßig Sport zu treiben. Beides können wir ebenso unter *körperliche Selbstkontrolle* subsumieren. Was manchen merkwürdig erscheint: Ich mache das täglich und auch noch gern. Ausnahmen gibt es, aber die sind selten. »Mein Gott, schau doch, der wunderbare Seebarsch, das köstliche Rinderfilet – und dann noch das geniale Tiramisu! Du übertreibst es, Nina!« Das bekomme ich des Öfteren zu hören, vor allem, wenn ich im Restaurant vor der immer gleich geschmacksfreien Gemüseplatte verharre. Ähnliches in Sachen Sport und Bewegung. »Jeden Morgen spätestens um sieben Uhr raus mit den Hunden! Dich kasteien beim Body Tonic oder Total Barre [das ist so was wie modernes Zirkeltraining auf Musik]! Kannst du nicht mal alle fünf gerade lassen sein?«

Das könnte ich durchaus. Aber ich will nicht. Nicht, weil ich mein eigener Peiniger bin – sondern, weil ich mich *entschieden* habe, und ich habe meine triftigen Gründe dafür. Sport und Hundeexkursionen geben mir ein so unmittelbar großartiges Gefühl von Körperbeherrschung – also in meinem Körper zuhause zu sein –, dass das Faulsein mir deutlich weniger Wohlgefühl vermitteln würde als die regelmäßige Bewegung. Abgesehen von dem guten Gefühl, auch meine Hunde täglich glücklich zu machen …

Und ist das dann auch ein Wohlgefühl, wenn ich den Nudelteller mit Sahnesoße vorgesetzt bekomme, weil ich bei einer Einladung um Vegetarisches bitte? Oder wenn ich an der Gemüsebeilage kaue, weil ein Gastgeber nicht wusste, dass ich Vegetarierin bin? Überhaupt kein Problem! Die Nudeln lasse ich freundlichst stehen, das Dessert sowieso, und die Gemüsebeilage reicht meistens vollauf fürs Wohlbefinden. Ich bin doch nicht zum hauptamtlichen Dinieren auf Festen und Einladungen, sondern, um Menschen zu begegnen! Und was sendet nach solchen Abenden mein präfrontaler Cortex an *Limbi?* »Ich fühle mich wohl! Du dich auch?« Mit großer Wahrscheinlichkeit wird *Limbi* etwas gefrustet sein, denn die Gier ging ja leer aus. Doch das kennt er schon. Mein *Limbi* hat sich mit meinem Lebensstil schon ganz gemütlich eingerichtet.

Anders wäre es, wenn ich öfter rückfällig würde. Dann hätte *Limbi* leichtes Spiel. Dann würde er wieder und wieder versuchen, mich ins wanstige Liegen samt Völlerei zu bugsieren.

Wie gesagt: Die körperliche Selbstkontrolle ist erst der Anfang. Dann kommt der nächste Schritt, und das ist der innere Belohnungsaufschub. Dazu gehören solche ungemütlichen Dinge wie Bücherschreiben. Moderationen recherchieren, schreiben, auswendig lernen. Vorträge erarbeiten und so gut lernen, dass sie ohne Manuskript gehalten werden können. Die monatlichen Umsatzsteuer-Unterlagen zusammenstellen. Krankenkassenabrechnungen machen. Okay, jetzt komme ich auf die ganz schlichte Ebene. Doch natürlich haben wir hier das gleiche innere Spiel wie auf der körperlichen Ebene.

Limbi sagt: »Lass mal. Es geht auch sehr gut ohne das alles«. Und vorne *links* sagt: »Wenn du das fertig hast, bist du glücklich!« Den mentalen Prozess, der dahintersteht, den nennt man bekanntlich *intrinsische Motivation*.

Leistung ist ein Wert an sich.

Dieser schlichte Satz stammt vom Management-Coach JENS CORSSEN, und *Limbi* wird ihn nicht mögen. Denn Spaß zu haben, wertvoll finden, was wir schaffen – ohne gleich auf die Belohnung zu schielen, kann uns tiefe Befriedigung geben. Doch *Limbi* geht leer aus dabei.

Eins ist noch wichtig zu wissen zum Thema Selbstkontrolle: Stress und Unsicherheit sind Gift für selbstkontrolliertes Handeln. Manche Kinder, die in sozial schwierigen, unsicheren Verhältnissen aufwuchsen, griffen im WALTER-MISCHEL-Test sofort zum Marshmallow. Der Impuls war geleitet von der Prägung durch Unsicherheit: Wer weiß, ob sich die Chance auf einen nächsten Marshmallow wirklich ergäbe! Und Menschen unter Stress lassen innere Ziele sehr leicht schleifen, um die unmittelbare Bedürfnisbefriedigung für den Stressabbau zu nutzen. Dass das selten funktioniert, wissen wir. Doch *Limbis* Lockung ist stark, wenn der Stress groß ist, besonders vielleicht, wenn diese Bier oder auch Sahnetorte heißt.

Natürlich hat jeder seine Belohnungsmethoden entwickelt, die kurzzeitig unendlich guttun, weil sie *Limbi* nähren und der wiederum dafür sorgt, dass uns Wohlgefühl flutet mit vollem Magen und Nikotin im Blut. Stress und Erschöpfung hüllt er in ein watteweiches Mäntelchen ....

Das ist menschlich, völlig in Ordnung – und fordert uns zu nüchterner Selbstbeobachtung heraus. *Nach so einem Tag gönne ich mir Backhendl und Weißbier* – dagegen ist nichts einzuwenden, wenn es sich tatsächlich um eine seltene Belohnung handelt. Als dauerhaftes Stressmanagement taugt das natürlich nicht. Da braucht es *wirkliches* Stressmanagement, Veränderung der Stressfaktoren oder gesundheitsfördernde alternative Belohnungssysteme.

Also, zusammengefasst: Wenn wir innere Führung übernehmen wollen, dann beginnen wir am besten mit bewusster Selbstkontrolle. Viele von uns haben es längst gelernt, *Limbi* in die Schranken zu weisen, sich Ziele zu setzen, die persönliche Verwirklichung oder auch gelungene Pflichterfüllung bedeuten – um sich nach Erreichen eines solchen Ziels über sich selbst freuen zu können. Neu an diesem Prozess könnte allerdings für Sie sein, das Maß an Selbstkontrolle für sich auszuloten und diese damit bewusst zu einem Thema zu machen: Wie viel ist gut? Was ist zu wenig? Welche Form der Selbstkontrolle tut überhaupt gut?

UTE LAUTERBACH, Gründerin des Instituts für psycho-energetische Integration in Altenkirchen, hat eine hilfreiche Frage dazu:

Wer soll mich beraten? Die Angst oder die Lebensfreude?

Auch wenn es oft anstrengend ist, sehr anstrengend sogar, nicht den *Limbi-Lockungen* zu folgen, sondern den bewussten Belohnungsaufschub zu suchen, durchzuhalten und am Ende mit der Zielerreichung innerlich zu wachsen, wird *Lebensfreude* der Motor für gelingende Selbstkontrolle sein. Sobald *Angst* und Getriebenheit ins Spiel kommen, geht die Eigensteuerung flöten und damit die Möglichkeit, Kontrolle nach Lebenslust und Laune zu dosieren.

Fragen Sie sich ganz konkret zu Ihren persönlichen Durchhaltethemen, die ein hohes Maß an Selbstkontrolle fordern und wo auch *Limbi* mitregiert: Körperliche Fitness, richtiges Essen, maßvolles Trinken, der Konsum von Zigaretten, aber auch anderes, was Sie durchhalten wollen: Ehe retten, Doktorarbeit, Fahrprüfung oder Berg besteigen ... Ist das, was Sie treibt, eher *Angst* oder *Lebensfreude?* Regiert vorwiegend die Angst? Dann wird auch die Selbstkontrolle vorwiegend von ihr, von außen dirigiert. Wer ist dann fürs Maßhalten da?

Regiert vorwiegend die Lebensfreude, dann steuern Sie. Dann kann es Phasen der Erschöpfung geben, des Zweifels und der Lustlosigkeit – und dennoch: *Sie* steuern das Ziel – und letztlich auch das Maß der Selbstkontrolle.

Was ist nun, wenn Sie Angst, Stress, Druck von außen als ihre heimlichen Lebensberater enttarnen? Dann üben Sie, Angst durch Lebensfreude zu ersetzen! Das klingt geradezu naiv, ich weiß. Doch nicht nur JENS CORSSEN rät als Psychologe, das innere Spiel immer und immer wieder umzudrehen: Das drückende »ich muss« in ein befreiendes »ich will« zu wandeln. Dazu in den kommenden Kapiteln mehr.

Nun zu der zweiten Sorte *Gitterstäbe,* die innere Veränderung blockieren – und besonders auch alle Tendenzen, auf Entdeckungsreise in unser *Rechtsseitiges* zu gehen: Das sind unsere neuronalen Bahnen, in denen sich unsere Denk- und Wahrnehmungsmuster verfestigt haben. Wenn wir ihnen nicht auf freundliche und nachhaltige Weise neue, andere Verschaltungen entgegensetzen, ziehen sie uns in unsere gelernten *linkshirnigen* Strukturen zurück. Wohlgemerkt: Gelernte Gewohnheitsmuster sind nichts Verwerfliches. Sie dienen unserer mentalen Entlastung. Sie sind nur nicht wirklich flexibel. Sie entziehen sich schneller Veränderung. Also ist Geduld angesagt.

In meinem Buch *Der unbesiegbare Sommer in uns. Ein Wegweiser zu unserem ureigenen Kraftort* habe ich ausführlich beschrieben, wie wir zum Beobachter dessen werden können, was uns der dominante analytische Anteil so alles serviert, mit dem wir uns voll und ganz identifizieren.

Kurz zusammengefasst fußt unsere innere Welt der Neuzeit auf der halb- oder unbewussten Annahme:

Ich denke, also bin ich. Und ohne Denken bin ich nichts.

Also öffnen wir dem, was wir unter *Denken* so verstehen, unkontrolliert Tür und Tor, überlassen ihm geradezu fahrlässig weitgehend alles, was in unserem Kopf und unseren Gefühlen passiert.

Es denkt uns.

Nicht wir steuern von morgens bis nachts bewusst, ob wir uns konzentriert gedanklich einem Thema zuwenden – oder im Linienbus aufmerksam die Welt betrachten. Wir steuern da erschreckend wenig. Wir lassen es zu, dass unsere Wahrnehmung – und damit auch unsere Gefühlswelt – den größten Teil unserer Zeit gerade *nicht* von strukturiertem, analytischen Denken gesteuert wird, sondern von einer Unzahl wild vagabundierender Gedankenfetzen. Ich habe sie *Gedankenmoskitos* getauft. Halbfertiges, Gestriges, Assoziatives, emotional Bedrückendes, Pflichtbewusstes – man schätzt heute die Zahl der unkontrolliert in unserem Kopf herumsirrenden Gedankenmoskitos auf täglich rund 50 000. Interessant, dass wir uns an kaum einen erinnern, oder?

Das Ungünstige an diesem unkontrollierten Moskitozirkus in unserem Kopf ist, dass diese Gedanken den Zugang zu unserer Gefühlswelt verstopfen – zu unserer Intuition, zu dem *mutigen, starken, liebevollen Teil* unserer Persönlichkeit, der uns wiederum den Zugang zur Ganzheit, zur Tiefe und authentischer Spiritualität öffnen kann: der *rechten Hemisphäre.*

Wissen Sie noch, was in Ihrem Kopf vorging, bevor Sie vorhin dieses Buch aufgeschlagen hatten? Mit großer Wahrscheinlichkeit nicht. Von wegen: *Ich denke, also bin ich!* Im Gegenteil: *Ich denke, und ich bin NICHT!*

Der Psychologie-Professor an der Harvard University, MATHEW KILLINGSWORTH, konnte nachweisen, dass *mindwandering* – also das geistig Abwesendsein – unglücklich macht. Es hindert uns, im Jetzt zu sein, den tiefen Frieden zu spüren, der aus der Haltung der Achtsamkeit aufsteigt. Der permanent strömende Gedankenbrei hindert uns am sensitiven Wahrnehmen der Welt – er blockiert den Zugang zum *Rechts.*

In *Der unbesiegbaren Sommer in uns* habe ich beschrieben, wie wir unsere eigenen, maßgeschneiderten Miniaturübungen und Rituale für den Alltag selbst entwickeln können, um innere Führung zu erlangen und damit den Moskitozirkus zu bezähmen. *Vier* Schritte sind es:

- Wahrnehmen, was da gerade in meinem Kopf und in meinen Gefühlen passiert;

- Sich ablösen von dem, was sich da in mir abspielt (*to be detached,* sagen die Buddhisten);

- Sich verbinden mit der *anderen Seite* in uns, mit dem Sein;

- Aus der Wahrnehmung der Ganzheit heraus den Teil in mir ansteuern, der in der jetzigen Situation gefragt ist. Den analytischen Verstand für intellektuelle Problemlösung – oder die Weisheit der Intuition und, ja, der umfassenden Liebe z. B. für das Bewältigen einer komplexen Situation. Wohlgemerkt: *Beide* Teile unserer Persönlichkeit, beide Hemisphären arbeiten immer gleichzeitig, und wenn wir *beide* Seiten entwickeln, sind wir in unserer Ganzheit präsent.

Wie überwinden wir nun – wenn wir denn unserer Lebenssehnsucht folgen und zu einer *ganzen* Persönlichkeit reifen wollen – die Selbstüberschätzung des Analytischen, des auf Sprache Begrenzten und damit auf einem Auge Blinden in uns? ALBERT EINSTEIN:

Der intuitive Geist ist ein Geschenk und der rationale Geist ein treuer Diener. Wir haben eine Gesellschaft erschaffen, die den Diener ehrt und das Geschenk vergessen hat.

Ja, dann entwickeln wir doch den Mut, den *treuen Diener,* der sich so unglaublich selbst überschätzt, freundlich in seine Schranken zu weisen und unserer Lebenssehnsucht zu folgen. Sie führt uns direkt zu dem *Geschenk,* das EINSTEIN als *intuitiven Geist* bezeichnet.

Welche Worte wir auch verwenden – sie werden uns das Begreifen nicht ersetzen. EINSTEINs *intuitiver Geist* – ist es *Gott,* was er meint? Oder ein *neues Bewusstsein* – wie wir heute so gerne formulieren? Oder nach JULIUS KUHL *spirituelle Intelligenz?*

Da ist sie wieder, die sich selbst überschätzende, analytische, kritisch bewertende *linke* Seite. Die flüstert uns ein: Lass uns am besten erst mal die Begrifflichkeiten ordentlich definieren, dann sehen wir weiter.

Dann sehen wir gar nicht weiter. Dann haben wir die Suche bereits aufgegeben. Dann suchen wir – wie MULLAH NASRUDIN in seinem schönen Gleichnis zeigte, den verlorenen Schlüssel zur Erkenntnis unter der Laterne des analytischen Verstandes. Doch der liegt woanders, im Dunkeln. Den können wir nur *ohne Laterne* finden. Dazu brauchen wir andere Methoden.

Ja, welche denn nun?
Schauen wir auf die vier Schritte oben, um *innere Führung* zu entwickeln. Jetzt geht es erst einmal um die Schritte eins bis drei:

Wahrnehmen – sich ablösen – sich verbinden

Wählen wir einen großartig formulierten, einen lyrischen Weg. KURT TUCHOLSKY hat im Bild der Reise gezeichnet, was sprachlich so schwer zu fassen ist:

Die Kunst, richtig zu reisen

Entwirf deinen Reiseplan im Großen – und lass dich im Einzelnen von der bunten Stunde treiben. Die größte Sehenswürdigkeit, die es gibt, ist die Welt – sieh sie dir an.

Niemand hat heute ein so vollkommenes Weltbild, dass er alles verstehen und würdigen kann: Hab den Mut, zu sagen, dass du von einer Sache nichts verstehst. Nimm die kleinen Schwierigkeiten der Reise nicht so wichtig; bleibst du einmal auf einer Zwischenstation sitzen, dann freu dich, dass du am Leben bist, sieh dir die Hühner an und die ernsthaften Ziegen, und mach einen kleinen Schwatz mit dem Mann im Zigarrenladen.

Entspanne dich. Lass das Steuer los. Trudele durch die Welt. Sie ist so schön: Gib dich ihr hin, und sie wird sich dir geben.[4]

Aus diesem wunderbaren Text hatte ich als Zwölfjährige vier Sätze auf einen Zettel geschrieben und mir an die Wand neben meinem Bett gepinnt:

Entspanne dich. Lass das Steuer los. Trudele durch die Welt. Sie ist so schön.

Heute weiß ich: Ich hatte damals schon in diesen Worten meine Lebenssehnsucht beschrieben gefunden *(TUCHOLSKY: Entwirf deinen Reiseplan im Großen).* Exakt *nicht* das tun, was sie alle von mir verlangten:

Immer sollte ich wissen, weshalb ich was tue, was ich will, wohin ich soll, wie ich mir die Zeit einteile, was ich nicht tue, wovon ich mich fernhalte, was ich gut und was ich schlecht finden soll ...

Entspanne dich. Lass das Steuer los. Trudele durch die Welt. Sie ist so schön.

Immer wenn ich diese Sätze las, meldete sich etwas in mir. Es war nicht nur die Lebenssehnsucht. Es war die *andere Seite* in mir. Die signalisierte auf ihre eigene, so ganz und gar nicht sprachlich versierte Weise: *Versuch es! Wage es! Lass los! Trudele! Was du entdecken wirst, ist schön!*

Genau das ist es. Wenn wir die *andere,* die *rechte* Seite in uns erfahren und stärken wollen, dann müssen wir das Steuer loslassen, das Trudeln wagen und uns entspannen. Keine leichte Übung – für all diejenigen von uns, die so ganz anders geprägt sind! Wenn wir nun also eine Art *rechtsseitige emotionale Intelligenz* in uns tragen, die zu komplexer Weltwahrnehmung imstande sein kann, die nicht mit Sprache, sondern mit Bildern, Geräuschen, Symbolhaftem, die mit allen Sinnen arbeitet, die verbunden ist mit unserer natürlichen Körperintelligenz und *auch* Sitz umfassender Liebesfähigkeit ... Wie können wir diese Seite in uns adressieren, spüren, erreichen?

Wahrnehmen – sich ablösen – sich verbinden

Und das ohne den analytischen Verstand. Wo funktioniert das für die meisten von uns reibungslos? In der Natur!

Die Naturerfahrung als Türöffner zur Ganzheitlichkeit –
ein zentrales Motiv in Religion, Philosophie, Literatur.
Den US-Schriftsteller des 19. Jahrhunderts HENRY
DAVID THOREAU kann man durchaus als Naturphilo-
sophen bezeichnen, denn er hatte als unkonventioneller
Freigeist jahrelang in einer Blockhütte gelebt, schlug sich
als Vortragsreisender und Gelegenheitsarbeiter durch,
obwohl er als Sohn eines Unternehmers in Harvard studiert hatte:

*Lebe die Jahreszeit, wie sie kommt! Atme die Luft, trinke,
schmecke die Früchte und überlasse dich ihrem Einfluss.*

Das klingt nicht besonders außergewöhnlich, könnte
aber eine erste Übung für uns sein. Denn was heißt es
überhaupt, sich *dem Einfluss der Jahreszeiten, der Früchte,
der Luft zu* überlassen? Das bedeutet, das Beschreiben,
das sprachliche Benennen, das Bewerten, Einordnen
und Kommentieren zu vergessen – und sich mit allen
Sinnen auf eine Weitwinkel-Wahrnehmung zu verlegen.
Das klingt ein bisschen merkwürdig? Versuchen Sie es,
ernsthaft! Sie können nichts verlieren, oder?

Nehmen Sie sich Zeit – also mehr als zehn Minuten ...
Schalten Sie Ihr Smartphone aus und suchen Sie einen
wunderbaren Ort in der Natur auf. Sei es ein Waldweg,
den Sie lieben, ein Baumstamm am Ufer eines Sees, eine
Hügelkuppe, was auch immer.

Nehmen Sie als erstes wahr, was in Ihnen so los ist.
Welche Gedanken da kreiseln, wie viele Denkmoskitos
rotieren. Aha. Das ist also alles los ...

Lösen Sie sich dann von all dem ab, indem Sie Ihre Aufmerksamkeit ganz und gar auf Ihr Umfeld richten, auf die Natur. Lassen Sie Ihren Blick wandern. Achten Sie auf Geräusche, Gerüche. Nehmen Sie Ihren Körper wahr, Ihre Atmung. Was? Alles auf einmal? Genau. Alles auf einmal. Das geht nur, wenn Sie auf Weitwinkel schalten. Jetzt kommen die Augen zur Ruhe. Nicht nur die schalten Sie auf Weitwinkel, sondern Ihre gesamte Wahrnehmung. Sie fixieren keinen Gegenstand, kein Blatt, sondern nehmen Ihr Umfeld wahr, ohne sich auf irgendetwas zu konzentrieren. Gleiches gilt für die Geräusche, für Gerüche, für die Wahrnehmung Ihres Körpers, Ihres Atems.

Das klingt merkwürdig? Versuchen Sie es. Sie stellen sich innen und außen auf Weitwinkel ein. Gedanken, Worte, Wertungen haben hier keinen Platz. Die müssen draußen bleiben. Es ist ein spannender Zustand, in den Sie sich da versetzen. Ein Zustand der vollkommenen Achtsamkeit – wenn es Ihnen gut gelingt. Sie sind da, im Jetzt, mit allen Sinnen. Sie sind das Gegenteil von »abschalten«. Sie sind in höchstem Maße »angeschaltet« – aber ohne den Verstand. Sie haben den Zugang zu Ihrer *anderen Seite* gefunden.

Achten Sie sensibel darauf, wie sich das anfühlt. Zunächst sicherlich etwas fremd. Und doch ziemlich gut, oder? Vielleicht fühlen Sie die Kraft des Lebens, die in allem pulsiert – in Ihnen, in den Pflanzen, Insekten, im Wind, in den Wolken um Sie herum, über und unter Ihnen. Vielleicht spüren Sie einen tiefen Frieden. Vielleicht fühlen Sie sich heiter und leicht. Auf jeden Fall sind Sie in einen anderen Wahrnehmungs- und Lebensmodus eingetreten. Sie sind der Erfüllung Ihrer Lebenssehnsucht etwas nähergekommen. Und nebenbei ... haben Sie sich verbunden – mit dem Sein, mit dem Jetzt, mit dem, was wesentlich ist.

9

DER WEG ZU INNERER BALANCE

....

Leuchttürme laufen nicht herum, um Boote zu finden,
die sie retten können. Sie stehen einfach da und leuch-
ten. (ANNE LAMOTT)

....

Sie haben Ihre Wahrnehmung komplett auf *Weitwinkel* gestellt? Der *Autofokus* Ihres Verstandes war tatsächlich weitgehend inaktiv? Kompliment! Eine beachtliche Leistung, denn Sie tun das sicher nicht alle Tage. Vielleicht war es ja auch das erste Mal …

Wie hat sich das angefühlt, nachdem sich die Scham *(was mache ich hier eigentlich Blödes?)* gelegt hatte? Da ist etwas in Ihnen passiert, das sich ziemlich gut anfühlte? War da etwa eine besonders intensive Lebendigkeit zu spüren? War da ein Aus-der-Zeit-gefallen-Sein? War da ein Sich-verbunden-Fühlen mit dem Leben, mit der Natur rundum? War da die Ahnung, dem Wesentlichen näher zu kommen?

Wieder ist ALBERT EINSTEIN Gedankenlieferant:

Das Schönste und Tiefste, was ein Mensch erleben kann: das Gefühl des Geheimnisvollen.

Das Geheimnisvolle … Vielleicht sollten wir es bewusst so nennen, was wir in uns berühren, wenn wir den *rechten*

Anteil in uns wirken lassen. Und Sie fragen sich jetzt vielleicht, wieso ich vom »Wirkenlassen« des *rechten Anteils* in uns spreche und nicht vom »Trainieren«? Ich habe das »Wirkenlassen« gewählt anstelle des »Trainierens«, weil die beiden Welten in uns sehr unterschiedlich arbeiten und damit auch sehr unterschiedlich ansprechbar sind.

Unsere *linke, analytische Seite* haben wir zeitlebens aktiv zu trainieren gelernt. Auswendiglernen, Problemlösenlernen, Textformulierenlernen etc. sind schulische Grundfunktionen unserer Kita- und Schullaufbahn. Doch die Arbeit der *rechten* Seite, die erfolgt weitgehend unabhängig von unserem Willen, von unserem Verstand. Sie liefert sozusagen Anregungen, Impulse, die unser Handeln und rationales Entscheiden inspirieren – oder es bleiben lassen können. Ja, nennen wir es das *Geheimnisvolle,* das da in uns wirkt. Die Intuition, die vielen Spielarten der Liebesfähigkeit, das archaische Wissen um kollektive mentale Grundmuster der Menschheit, die Fähigkeit der Körperwahrnehmung und komplexer Prozesse im Umfeld ... was ist das anderes als *geheimnisvoll?*

Ausgerechnet der theoretische Physiker, der Begründer der Relativitätstheorie ALBERT EINSTEIN spricht vom *Schönsten und Tiefsten, was ein Mensch erleben kann –* wenn er sich dem öffnet .... wenn er sich *wem oder was* genau öffnet? Darum soll es nun gehen.

Der Lehrer, der in der Tat klug ist, lädt dich nicht in das Haus seiner Weisheit ein, sondern führt dich lieber an den Zugang zu deinem Geist.

KHALIL GIBRAN, der berühmte libanesisch-amerikanische Autor des Weltbestsellers *Der Prophet,* gibt uns einen wichtigen didaktischen Hinweis: Wenn Sie herausfinden wollen, was das *Geheimnisvolle* ist, das das *Schönste und Tiefste* sei, *was ein Mensch erleben kann ...* dann können Sie das nur für sich selbst entdecken. Nicht, indem Sie in das *Haus der Weisheit* anderer geführt werden, sondern indem Sie *Zugang zu Ihrem Geist* finden. Und damit finden Sie Zugang zu Ihrer *rechten Seite*, zu dem, was im Dunkeln liegt.

Wenn wir also davon ausgehen, dass diese Seite nicht intellektuell trainierbar ist wie die *linke,* sondern nur ganzheitlich erfahrbar, wenn wir ihr Wirken bewusst wahrnehmen lernen, dann geht es nun um die Methoden, wie ich meine programmierte Dominanz des Denkens – und die unkontrollierte Präsenz der Denkmoskitos abstellen oder vielleicht auch umgehen, *bypassen* kann. Ich bewege meine mentalen Aktivitäten auf eine Ebene, auf der Gedanken keinen Zugang haben. Und welche Ebene ist das?

Das ist die Meditation, das ist das Gebet. Das sind Rituale und oft vielleicht auch nur kleine *nudges, Schubser,* die mich daran erinnern: Moment! Da ist doch noch die andere Welt in dir! Lass sie wirken!

Klug im Sinne von KHALIL GIBRAN ist es nun, wenn wir sehr bewusst den *Zugang zu unserem Geist* nicht mit Methoden suchen, die andere empfehlen, die Religionen vorschreiben oder Gurus als *best practice* anpreisen. *Klug* wäre es, wenn jeder seinen ganz eigenen Weg suchen und finden würde, um in das eigene *Haus seiner Weisheit* zu gelangen. Das Ziel ist damit sonnenklar:

Sei du der Leuchtturm deines Lebens. Selbstbestimmt und frei durch innere Führung.

Jetzt erhält der Titel dieses Buches seinen Sinn. Es geht darum, dass Sie Ihren Türöffner zu Ihrer dunklen, intuitiven Seite der – ich greife jetzt etwas vor – umfassenden Liebesfähigkeit selbst suchen. Und zwar nicht unter der Laterne, sondern dort, wo es dunkel ist. Als Voraussetzung gehört eine bestimmte *Haltung* als Reisender in eigener Sache dazu: die Haltung der Offenheit, der Neugier, des Vertrauens in sich selbst – und die Coolness, sich vom Zweifler, vom Selbstüberschätzer, von der Ratio nicht einreden zu lassen, dass das ein völliger Quatsch sei, was Sie da gerade für sich beginnen.

Es liegt ganz und gar an Ihnen, ob Sie nachhaltig in den Prozess des *Ganzwerdens* eintreten und sich selbst innerlich zu einer neuen Reife entwickeln – oder ob Sie es zulassen, von den Mustern der Ratio, die allgegenwärtig in unserer Gesellschaft regieren *und* in Ihnen selbst neurologisch programmiert sind, im altbekannten mentalen Zustand verharren.

Reife bedeutet nicht, am Ende seiner geistigen Entwicklung angelangt zu sein, sondern frei über die eigene Geisteskraft verfügen zu können.

PAUL TILLICH, 1933 in die USA emigrierter Religionsphilosoph, bringt es auf den Punkt: Sie haben es selbst in der Hand, wie sehr Sie sich der *Befreiung Ihrer Geisteskraft* und damit Ihrem persönlichen *Reifeprozess* widmen wollen.

Haben Sie sich also entschieden, sich Ihren *rechtsseitigen* Kapazitäten und Talenten nähern zu wollen, so können Sie sich gleich mal auf die *linke* Schulter klopfen, denn die rechte Gehirnhälfte steuert ja bekanntlich auch die linke Körperhälfte: Sie tun etwas, was nur der menschlichen Spezies möglich ist. Nur wir Menschen verfügen über die intellektuelle Fähigkeit der Selbstreflexion. Und nun bewegen Sie sich also mithilfe der Selbstreflexion in den Bereich der Transzendenz, das ist evolutionsbiologisch ein weiterer beachtlicher Entwicklungsschritt!

Gut, diese Form der Ermutigung ist abstrakt und hilft jetzt nicht wirklich weiter. Doch habe ich nun den einen oder anderen sehr praktischen Vorschlag für Sie, welche mentalen Techniken Ihnen den Zugang zur anderen Seite ermöglichen könnten.

Diese *mentalen Techniken* haben natürlich, wie Sie sich denken können, nichts mit üblichen Mustern unserer Verstandeswelt zu tun. Es geht darum, Sensibilitäten, ja *Antennen* zu entwickeln für die andere Seite in uns, die wir ja gar nicht exakt definieren können! Ein interessantes Vorhaben. Folgendes Indianer-Gleichnis veranschaulicht das sehr schön:

Ein Indianer, der in einem Reservat weit von der nächsten Stadt entfernt wohnte, besuchte das erste Mal seinen weißen Freund in der großen Stadt. Er war sehr verwirrt vom vielen Lärm, von der Hektik und vom Gestank in den Straßenschluchten. Als sie durch die Einkaufsstraße mit den großen Schaufenstern spazierten, blieb der Indianer plötzlich stehen und horchte auf. »Was hast du?«, fragte ihn sein Freund. »Ich höre irgendwo

eine Grille zirpen«, antwortete der Indianer. »Das ist unmöglich«, lachte der Weiße. »Erstens gibt es hier in der
Stadt keine Grillen und zweitens würde ihr Geräusch in
diesem Lärm untergehen.« Der Indianer ließ sich jedoch
nicht beirren und folgte dem Zirpen. Sie kamen zu einem
älteren Haus, dessen Wand ganz mit Efeu überwachsen
war. Der Indianer teilte die Blätter und tatsächlich: Da
saß eine große Grille. »Ihr Indianer habt eben einfach
ein viel besseres Gehör«, sagte der Weiße im Weitergehen. »Unsinn«, erwiderte sein Freund. »Ich werde dir
das Gegenteil beweisen.« Er nahm eine kleine Münze
aus seiner Tasche und warf sie auf den Boden. Ein leises
»Pling« ließ sich vernehmen. Selbst einige Passanten,
die mehr als zehn Meter entfernt standen, drehten sich
augenblicklich um und schauten in die Richtung, aus der
sie das Geräusch gehört hatten. »Siehst du, mein Freund,
es liegt nicht am Gehör. Was wir wahrnehmen können
oder nicht, liegt ausschließlich an der Richtung unserer
Aufmerksamkeit.«

Wenn Sie dem Lockruf Ihrer Lebenssehnsucht, wie
diesem zarten Zirpen, folgen möchten, und das nicht
nur einmal, sondern regelmäßig – wenn Sie die andere
Seite Ihrer Persönlichkeit in Ihr Wahrnehmen, Fühlen
und Handeln integrieren möchten, dann habe ich also
folgende Anregungen für Sie.

Da ist natürlich an erster Stelle die Meditation. Und
wieso *an erster Stelle?* Weil Meditation heute die gesellschaftlich am stärksten akzeptierte Form der Selbstentwicklung hin zur Ganzheit ist. Zur Entwicklung der
für *Sie* optimalen, sozusagen *personalisierten Meditation*
gleich mehr.

Zunächst aber etwas anderes: Das Gebet. Und hier meine ich eine neue Nutzung dessen, was zumindest sehr viele von uns schon längst ad acta gelegt haben Auch ich. Als kleines Mädchen hatten mich meine Eltern angehalten, jeden Abend vor dem Einschlafen folgendes Gebet zu sprechen:

Ich bin klein, mein Herz ist rein, soll niemand drin wohnen als Jesus allein.

Offen gesagt – ich wusste mit diesem Gebet nicht viel anzufangen. Eigentlich war es ja ganz schön, so ein kleines Ritual vor dem Einschlafen, das spürte ich schon. Aber diese Sache mit dem *klein sein,* was sollte das? Ich wollte doch ganz schnell groß werden! Und *mein Herz ist rein:* Also, natürlich war das nicht immer rein. Wohin sollte ich dann bitte mit dem Schmutz? Und überhaupt: *rein* – was für ein komisches Wort ... Da hatte man ja Angst, sich schmutzig zu machen. Und manchmal fand ich schmutzig auch ganz gut ... Und *niemand anderes* sollte *drin wohnen als Jesus allein?* Das war nett gemeint, das wusste ich, aber ich empfand das als eine Art Hausbesetzung. Wieso sollten da nicht Mutti und Papi drin wohnen? Und vielleicht sogar der nette Peter, mein ... ach, ich weiß auch nicht ... mein so toller Klassenkamerad? Tja. Was war das also für mich, das abendliche Gebet? Die Botschaft des Aufgehobenseins, der allumfassenden Liebe? Nicht wirklich.

Diese Sorte Gebet kann natürlich weder Antenne noch Sensor sein, um die *andere Seite* in uns zu erkunden und uns mit ihr zu verbinden. Da braucht es etwas anderes, sehr Persönliches, und das sollte weit weg sein von der Naivität kindlicher Gebetsmühlen.

Genau. Das alte Ritual des Gebets neu aufladen, sich einlassen auf etwas von mir als *richtig* Erspürtem, das mir die Möglichkeit eröffnet, die beiden Erkenntnissysteme in mir miteinander in Austausch zu bringen, *links* und *rechts*: Damit würde ich eintreten in eine *zweite Naivität*. Der christliche Philosoph PETER WUST hat diesen Begriff geprägt – und ich bediene mich bei ihm in etwas freier Interpretation, die für mich stimmig erscheint: WUST beschreibt mit der Haltung der *zweiten Naivität* eine neue Fähigkeit zum Gebet, die entsteht, wenn ich die alte, kindlich-naive und fremdgesteuerte Frömmigkeit abgelegt, wenn ich skeptisch und kritisch die Fragen nach dem gestellt habe, was das Beten sein *solle* für mich – und nach einer Phase der totalen Gebets-Entfremdung den Lockruf der Lebenssehnsucht wieder erhörte. Dann kann ich eintreten in die *zweite, reflektierte Naivität,* die eine neue Art selbstentdeckten *Fühlwissens* respektiert, das mir sagt: *Diese Form des Gebets* könnte die mir angemessene sein, um in Kontakt mit der Seite in mir zu treten, die mich ins Jetzt führen kann, ins Sein.

Die *zweite, reflektierte Naivität* ermöglicht mir, meine analytische Verstandesprägung zu verbinden mit der bewussten Sensibilisierung für das Zirpen der Grille der *anderen Seite*, und das in der Form des Gebets.

Um für mich selbst der *Leuchtturm meines Lebens* zu werden, suchte ich nun aktiv und in der Haltung der *sekundären, reflektierten Naivität* nach einem Gebet, von dem mein *Fühlwissen* sagt: Das ist gut für mich.

Es kann ein Gebet sein, das seit Jahrhunderten existiert, es kann ein Gedicht sein, ein Sinnspruch, der mich berührt. Entscheidend ist, dass es mir *fühlbar* das Tor öffnet zu meiner Intuition, zum Jetzt, ins Sein – wie auch immer wir das, was mit Worten nicht zu etikettieren ist, ausdrücken wollen. Und es sollte zum Ritual werden. Immer wieder, in vergleichbaren Situationen, möglichst oft und mit umfassender Achtsamkeit gesprochen. Ja, leise vor sich hin sprechen tut gut. Das erhöht die Intensität des Gebets, weil meine Aufmerksamkeit noch stärker zentriert wird. Also kann ich nur empfehlen, die Sätze, die Sie sich wählen für Ihr Gebet, auswendig zu lernen und sie damit jederzeit zur Verfügung zu haben.

Eines meiner wichtigsten Gebete ... spreche ich beim Autofahren. Es hat mich eines Tages angeflogen, und ich liebe es bis heute. Die schmale, rumplige Straße zu unserem Haus in der Toskana führt durch einen – wie ich schon immer schwärmte – *Märchenwald*. Da es in Italien keine Forstwirtschaft gibt wie in Deutschland, wuchern Wälder wild vor sich hin. Die Straße zu uns hinauf schlängelt sich also durch Steineichen, Akazien, Pinien, Buchen hindurch und an Zypressenreihen vorbei. Verschiedene Schlingpflanzenarten hängen von den Zweigen, manche berühren den Boden. Baumstämme, Blattreste, ein Gewirr von Zweigen bedecken den Boden. Sonnenstrahlen schimmern durch Wipfel und Blätter. Ihre Lichtpunkte tanzen mit betörender Leichtigkeit auf allem, was ist. Wenn ich das Autofenster öffne, da zwitschert im Frühling ein betörender Chor herein – im Sommer sägen kraftvoll und rhythmisch Tausende von Zikaden.

Die Fahrt durch den Märchenwald ist also ein tägliches Gebet. Ich öffne meine mentale Wahrnehmung, steuere mit *linkem Automatismus* mein Auto und verbinde mich mit *rechts* mit dem Zauber des Waldes. Und dann spreche ich mein kleines, sehr schlichtes Gebet:

Hier ist der Friede Gottes.
Er ist auch in mir.
Er ist ewig.
Alles ist gut.

Letztlich sind es nicht die Worte, die mich den tiefen Frieden unmittelbar fühlen lassen, der allem innewohnt, auch mir. Es ist die bewusste Öffnung, die ich mit diesem Gebet zulasse. Ich fühle das Geschenk des Lebens, und ich fühle, dass das Leben ewig ist. Zugleich ist da die Wahrnehmung der Endlichkeit, meiner Endlichkeit. Und ich sorge mich nicht.

Sieben Minuten dauert die Fahrt durch den Wald – und nach diesen sieben Minuten des Gebets fühle ich mich geerdet, von gedanklichem Ballast befreit – ja, und ich fühle mich verbunden. Nicht nur verbunden mit der Kraft der Gegenwart, mit dem tiefen Frieden der Natur, sondern ich spüre eine enorme Dankbarkeit, ich spüre Zeitlosigkeit. All das sendet mir nicht mein analytischer Verstand. Das steigt auf aus einer anderen Welt in mir – aus meiner *anderen Seite*.

Der bereits zitierte Persönlichkeitspsychologe JULIUS KUHL sagt dazu:

Beim Beten geht es um die Unterstützung des Austauschs der Erkenntnissysteme.[5]

Der Austausch der Ratio und der Intuition, des linearen Wissens und der komplexen Erfahrung, der *Austausch beider Systeme* führt zur Ganzheit – und irgendwann zur Erfüllung der Lebenssehnsucht. Doch:

Immer mehr Menschen in der westlichen Welt vermeiden den Dialog zwischen Verstand und Intuition und reduzieren sich und andere immer einseitiger ... Beten kann man aus psychologischer Sicht auch als eine Übung zur Überwindung der einseitigen Fixierung auf die faktenzentrierte Objekterkennung und das analytische Denken und Planen betrachten.[6]

Sich bewusst in der Haltung der *zweiten reflektierten Naivität* zu üben, um genau in diesen *Dialog zwischen Verstand und Intuition* einzutreten, den wir oft weitgehend verdrängen – das könnte ein *Tor zur Weisheit* sein, so PETER WUST, kurz bevor er 1939 an Krebs verstarb, mit 55 Jahren:

Und wenn Sie mich nun fragen sollten, bevor ich gehe und endgültig gehe, ob ich nicht einen Zauberschlüssel kenne, der einem das letzte Tor zur Weisheit des Lebens erschließen könne, dann würde ich Ihnen antworten: »Jawohl« – Und zwar ist dieser Zauberschlüssel nicht die Reflexion, wie Sie es von einem Philosophen vielleicht erwarten möchten, sondern das Gebet. Das Gebet als letzte Hingabe gefasst, macht still, macht kindlich, macht objektiv.[7]

Lassen Sie sich auf das Beten ein. Suchen Sie mit offenem Herzen – und nicht mit dem Verstand – *Ihr Gebet,* oder *Ihre Gebete* (auch ich habe mehrere, die ich permanent nutze, und sie sind mir alle durch *Inspiration* und in der Haltung der *zweiten reflektierten Naivität* zugeflogen).

Nun zu der weiteren Methode, sich für das *zarte Zirpen der Grille* zu sensibilisieren: die personalisierte Meditation. Auch die Meditation kann unsere Wahrnehmung für das zarte Grillenzirpen sensibilisieren. Doch was heißt hier *die Meditation?* Da sind so viele völlig verschiedene Meditationsformen en vogue, dass man unmöglich von *der* Meditation sprechen kann. Von der transzendentalen Meditation, die schon in den 50ern von Maharishi Mahesh Yogi entwickelt worden ist, über moderne Formen bis zu MBSR (Mindfulness-Based Stress Reduction), die in ihrer gehirnverändernden Wirkung auch an der Berliner Charité mithilfe des *Hirnscanners MRT* untersucht wurde, ebbt der Boom der Meditationstechnik-Varianten nicht ab.

Auch was bislang an positiven Effekten der Meditation wissenschaftlich nachgewiesen wurde, ist beeindruckend: Die Dichte der grauen Substanz in manchen Hirnregionen nimmt definitiv zu, die Konzentration des Neurotransmitters GABA und auch die Oszillationen der Gamma-Wellen im Gehirn. Bei Patienten mit chronischen Schmerzen, stressbedingten Entzündungsreaktionen bis hin zu Depression konnte Besserung nachgewiesen werden. Allerdings gilt das nicht für jeden Typ der Meditation. Da gibt es enorme Unterschiede, auch was die Effekte auf die Persönlichkeitsentwicklung angeht: Mit manchen Techniken konnten Meditierende ihre Emotionen besser regulieren, entwickelten eine höhere Aufmerksamkeit für ihre innere Befindlichkeit sowie ein stärkeres Mitgefühl, höhere Zugewandtheit.[8]

Die Vielfalt der Techniken und der Meditationseffekte ist verwirrend und sponsert unsere analytische Seite.

Erst mal alle Techniken mitsamt ihrer neurobiologischen Effekte rastern und vergleichen – und was passt dann für mich? Diese *linksseitige* Frage wird nicht wirklich zum sensiblen Sensieren des Grillenzirpens führen.

Deshalb halte ich sehr viel von *personalisierter Meditation*. Genau, wie mich die *richtigen* Gebete anfliegen, kann das *Anfliegen* auch für die Meditation der *richtige*, der *selbstbestimmte* Auswahlmodus sein. Voraussetzung ist nur, dass Ihnen die Grundhaltung und Basistechnik der Meditation geläufig sind. Das heißt: Sie haben bereits etliche Male die Erfahrung gemacht, dass das folgende mentale Selbsttraining guttut:

- Außenreize abstellen
- Aufrechte, unverschraubte Sitzposition bewusst einnehmen
- Die Autonomie des Atems wahrnehmen und seine Weichheit
- Den Tanz der Denkmoskitos wahrnehmen und sie wegsirren lassen
- Ihre Rückkehrversuche ignorieren, bis sie weitgehend demotiviert sind
- Sich einlassen auf die Weite, die sich öffnet und auf die Wärme der aufsteigenden Emotion

Wenn Sie diese Grundhaltung und Basistechnik geübt und erfahren haben, dann braucht es keine weitere umfassende Analyse, welche Meditationstechnik denn für Sie nun die beste und tollste wäre.

Sie, genauer gesagt Ihre Intuition, wird Ihnen den Weg weisen. Entscheidend ist, dass Sie das Ziel setzen. Es braucht auch nicht immer dasselbe zu sein. Es entstammt natürlich Ihrer Lebenssehnsucht. Sie möchten ja mit Ihrer *anderen Seite* in Kontakt treten, am besten in einen wie auch immer gearteten Dialog. Dann sollten Sie sich Ihr sehr individuelles Grillenzirpen zum Meditations-Ziel wählen. Es braucht nicht *analytisch-rational sprachlich* definiert zu sein. Es kann sich aus Ihren Meditationen ergeben, wenn Sie sich auf genau diese Suche hin öffnen.

Ein Beispiel: Meine erste Meditationseinweisung bekam ich von meinem Yogalehrer Lutz im Sportprogramm der Uni Braunschweig, da war ich knapp 18. Er brachte uns die optimale Sitzhaltung bei, dann die Achtsamkeit für den Atem, und dann sollten wir auf ein Mantra meditieren. Offenbar war er von der transzendentalen Meditation inspiriert. Irgendwie klappte das bei mir aber nicht. Das Mantrawort aus dem Sanskrit störte mich eigentlich nur. Den Versenkungseffekt spürte ich allerdings trotzdem, das ganzheitliche Körpergefühl, die Balance zwischen Körper und Geist entwickelte sich fühlbar – und ich fand das großartig.

Irgendwann fragte ich diesen Lehrer nach einer Yogastunde, wie ich denn mein *Problem* lösen könne. Solange ich mich nämlich auf dieses Mantra konzentrierte, da passierte nicht wirklich viel in mir. Aber wenn ich das Mantra wegließ, meine Augäpfel entspannte, sodass ich fast schielte und die Augen sich leicht öffneten, dann fühlte ich ... eine so starke Wärme, die mich geradezu überflutete, und die ... pure Lebensfreude war. Und nun zu meinem *Problem:* Ich würde wohl genau immer dann, wenn ich diese tiefe Wärme und Lebensfreude spürte, meinen tiefen Komplex erleben, klagte ich Lutz, dem Lehrer. Ich musste nämlich Brille tragen wegen ziemlich starker Kurzsichtigkeit. Und wenn dann diese Lebenswärme käme, dann drücke deutlich wahrnehmbar ein imaginärer Nasensteg auf meine Stirn. Genauer gesagt, der Druck, der eigentlich angenehm war, der entstand immer kurz über der Nasenwurzel, direkt oberhalb der Augenbrauen. Wie ich denn diesen Komplex beheben könne, fragte ich ihn. Lutz schaute mich erst einmal ziemlich verdattert an. Ob ich das wohl ernst meinte? Ja, ich meinte das ernst. Ich fand die Brille schrecklich und würde dann auch bald meine ersten Kontaktlinsen haben. Als Lutz begriff, dass ich tatsächlich auf einen Brillenkomplex tippte, bekam er einen veritablen Lachanfall. »Du bist der Hammer!«, kicherte er dann. »Du hast das Dritte Auge entdeckt, das sechste Chakra, und du nennst es einen Komplex! Ich fass es nicht!«

Meine linke Seite flüstert mir jetzt ein: *Chakren sind bis heute in ihrer Bedeutung und Wirkung nicht wissenschaftlich nachgewiesen!* Und meine Lebenserfahrung sagt mir, unterstützt von einer hübschen Portion Intuition: *Das war der Schlüssel zur personalisierten Meditation, my dear!*

Denn von diesem Tag an, als sich mein Komplex als Drittes Auge entpuppte, meditierte ich nur noch dorthin, wo ich wollte. Oder auch: wohin *es* mich zog. Und genau dieses Meditieren möchte ich Ihnen empfehlen. Die Basistechnik, die Grundhaltung der Meditation ist je nach Typ Mensch mehr oder weniger leicht zu erlernen, der eine braucht mehr Geduld als der andere. Aber das *Erfahren der Ganzheit, der Zeitlosigkeit und des inneren Friedens* kann sehr schnell kommen. Besonders dann, wenn Sie sehr früh Ihr eigenes Meditationsziel freilegen. Es wird Ihnen zufliegen, beim Meditieren!

Dem Gehenden schiebt sich der Weg unter die Füße.
(MARTIN WALSER)

Bis heute begleitet mich eine kleine, feine Auswahl an *personalisierten Meditationen.* Ich meditiere auf *Liebe zum Leben,* auf *Licht und Liebe,* auf *Verbindung zum Sein* – auf *tiefen Frieden* –, na ja, und auf das *Dritte Auge* meditiere ich auch. Ich setze mir spontan einen dieser Begriffe sozusagen als zirpenden Lockruf der Grille und wende mich ihm mental zu, bis er sich auflöst und Erfahrung wird. Das klingt wieder etwas merkwürdig. Sie werden für sich selbst wahrscheinlich andere Worte wählen. Aber das hat die Erfahrungswelt unserer *anderen Seite* nun mal so an sich, die sich durch Worte nicht dressieren lässt.

Probieren Sie es, in Ruhe, mit Achtsamkeit, mit Fantasie und Geduld! Schauen sie, welches meditative Ziel Sie anfliegt, während Sie meditieren. Machen Sie es zu Ihrer *personalisierten Meditation* – und wenn etwas Neues Sie anfliegt, dann greifen Sie es dankbar auf! Längere Meditationen wie früher, so um die 20, 30 Minuten, genieße ich heute nur dann, wenn ich wirklich ausreichend Zeit zur Verfügung habe. Meditation als tägliches morgendliches Pflichtprogramm – auch wenn der Terminplan eng getaktet ist, gibt es nicht mehr. Der wunderbare Zustand in Zeitlosigkeit und Lebensfreude hielt im Alltagsmodus einfach nicht lange an. Und so habe ich mir – neben den circa zehnminütigen personalisierten Meditationen, wenn es reinpasst – einen neuen Weg gesucht, dem Grillenzirpen zu folgen. Ich trainiere mich mental, die meditative Haltung als *Grundhaltung* in meinem (Alltags-) Leben einzunehmen, mit der ich mich täglich in vielen kleinen Momenten emotional verlinke. Ich habe diese Momente *nudges,* »Schubser« getauft. Und auch die sind meine ganz eigenen. In meinem Buch *Der unbesiegbare Sommer in uns* gehe ich ausführlich darauf ein. Zwei von ihnen möchte ich hier kurz beschreiben.

Da sind zum einen die *gold nuggets,* die wir jeden Tag entdecken können. Das sind Miniaturmomente des Glücks und der Magie des Lebens, die unser intuitives, komplexes System mit seiner emotionalen Intelligenz sofort auslesen kann. Der analytische Verstand ignoriert sie.

Als ich vorhin aus meinem Gewächshaus, wo ich schreibe, ins Haus ging, tanzten auf dem Gras zwei kleine blaue Schmetterlinge herum. Sie schienen sich gegenseitig zu *beflügeln,* scheinbar absichtslos über dem leichten Tau das Spiel mit der Schwerkraft und dem heiteren Gegenüber zu genießen: Ich war komplett verzaubert. Und ich erfuhr das, was ich in solchen *gold-nuggets*-Momenten immer erfahre. Ich war zu hundert Prozent in diesem Moment. Ich gehöre gewissermaßen zu den blau flatternden Gauklern dazu, denn ich schalte meine Ratio aus. Ich bin nur da, fühle das große Geschenk des Lebens und die Kraft der Gegenwart. Ein gigantischer Zustand. Für einige Sekunden. Dann atme ich tief ein – und beim Ausatmen bin ich wieder im Alltagsprogramm zurück. Doch im Hintergrund – und das ist der Trick – läuft in mir die Verbindung mit dem Wesentlichen, mit meiner *rechten Seite* weiter. Das führt dazu, dass all das, was Pflicht, Alltag oder Ratio ist, unterfüttert wird mit einer

gewissen wohltuenden Distanz. Wenn ich stets unterschwellig verbunden bin mit der Wahrnehmung des
Wesentlichen, verliert der Druck des Alltags an Potenzial.

*Der innere Frieden ist das wahre Ziel bewusster Lebens-
führung.*

JOSHUA LIEBMAN, amerikanischer Rabbi und Bestsellerautor, wollte mit seinem wichtigsten Werk *Peace
of Mind* die Psychologie mit der Religion versöhnen.
Die amerikanischen Leser hat er damit auf jeden Fall
erreicht: 58 Wochen lang war das Buch 1946 und später auf Platz eins der Sachbuch-Bestsellerliste der New
York Times. Der *innere Frieden* als *wahres Ziel bewusster
Lebensführung* ist es, den ich als Wünschelrute für das
Auffinden meiner kleinen *nudges* nutze.

Es kann ein Song sein, den ich für mich mit der Botschaft
der Hingabe an das Leben auflade – ich konsumiere ihn
also nicht, sondern nutze ihn bewusst als Trampolin,
um meine *beiden Seiten* in den Dialog zu führen, um die
nüchterne Vernunft mit der Komplexität des Verstehens
zusammenzuführen, und da möchte ich unbedingt den
Komponisten ARNOLD SCHÖNBERG zitieren:

*Musik spricht die unbewusste Natur dieser und anderer
Welten aus.*

Mit Musik mag unsere Ratio nicht viel anfangen. Sie erreicht unmittelbar die *andere Seite* in uns. Deshalb können wir sie so wunderbar als *nudges* einsetzen. Einen
Song für sich selbst mit diesem Ziel bewusst aufgela-

den – und mit dieser Bewusstheit genussvoll gehört –
und der Zustand der Verbindung mit dem Wesentlichen
ist erreicht. Kurz nur, quasi eine Erinnerung, doch so
kann ein Muster der tiefen Erfahrungen entstehen, das
uns langsam zu einem anderen, reiferen, bewussteren
Menschen macht.

Vieles, was *nicht* Instrument des Verstandes ist, können Sie
hierfür nutzen: einen Duft oder bestimmten Geruch, der
Sie an einen Bewusstseinszustand der Vertiefung erinnert
(oft steigt er aus früher Kindheit auf, und oft ist dieser Geruch mit Weihrauch vermischt). Für mich ist ein starker
nudge tatsächlich der Duft einer getrockneten Kräuter-
mischung aus Florenz, die seit dem 16. Jahrhundert in
geheimer Rezeptur von Mönchen hergestellt wurde und
bis heute zu kaufen ist – mit Weihrauch, versteht sich.
Ein bewusster tiefer Atemzug, und ich fühle mich *ganz*.

Es kann das Singen sein im Chor, das Tanzen, das Malen
oder das Mandala-Zeichnen. Es kann auch eine Geste
sein, die Sie für sich entdecken, und die Sie erdet, die
Ihnen das Gefühl gibt, der Diktatur des Verstandes entkommen zu sein.

JULIUS KUHL hat aus psychologischer Sicht die *Kreuz-
zeichen-Geste* der katholischen Gläubigen ganz im Sinne
des Ganzwerdens interpretiert: Wenn mit den Worten *Im
Namen des Vaters ...* die Stirn berührt werde und mit den
Worten *... und des Sohnes* der Bauch, dann würden auch
neurobiologisch *Kopf und Bauch* über somatosensorische
Areale des Gehirns verknüpft – also die *vernünftigen* und
rationalen Kopfanalysen mit den Bauchgefühlen. Mit den
Worten *... und des Heiligen ...* würde über die Berührung

der linken Schulter (wegen der Überkreuzverschaltung der Nervenbahnen) die *rechte, ganzheitliche* Hemisphäre adressiert. Und beim abschließenden ... *Geistes* berühre die Hand mit der rechten Schulter die *linke, analytische Hemisphäre.*

Das Kreuzzeichen als eine Geste des Verbindens von *Kopf und Bauch, rechter und linker Hemisphäre* hat besonders dann, wenn wir sie bewusst unter diesem Wissen und dieser Erfahrung ausführen, eine starke Wirkung auf dem Weg zur Ganzheit.[9]

Mancher Gläubige könnte eine solche auch neurofunktionale Interpretation des *Nutzwertes* des Kreuzzeichens als verletzend empfinden – so JULIUS KUHL. Also zitiert er zur Versöhnung Pater ANSELM GRÜN:

Beim Kreuzzeichen berühren wir mit unserer Hand die Stirn, den Unterbauch, die linke und die rechte Schulter ... Der Heilige Geist verbindet in dir das Bewusste mit dem Unbewussten, das Denken mit dem Herzen, das Weibliche mit dem Männlichen.[10]

Zumindest die aus diesen Worten zu schlussfolgernde These, dass das Weibliche *rechts* und das Männliche *links* lokalisiert seien, haben wir bislang noch nicht diskutiert. Ein neues, weites Feld ...

Probieren Sie es für sich aus! Lassen Sie sich von einer Geste anfliegen – nutzen Sie sie immer dann, wenn die Situation die richtige ist – wenn Sie allein oder mit vertrauten Menschen sind – und erwarten Sie keine Wunder. Aber erwarten Sie durchaus einen kleinen *nudge* in Richtung neues Bewusstsein! An den Schluss dieses

Kapitels möchte ich eine weitere kleine Übung des On-line-Service *innerSpace Thought for Today* setzen:

Wie viel Frieden fühlst du jetzt, in diesem Moment in dir? Solltest du dich nicht wirklich friedvoll fühlen, dann erinnere dich daran: »Frieden ist der natürliche Grundzustand des Seins. Ich bin ein friedvolles Wesen.« Lasse diesen Gedanken in dir wirken. Werde voll des Friedens. Und wenn es dann doch so scheint, als könnte dich jemand von außen in deinem Frieden stören – dann mache dir bewusst: Nichts und niemand kann dir deinen inneren Frieden nehmen – es sei denn, du erlaubst ihnen das.
Also: Wie viel Frieden fühlst du jetzt in dir?

10

EIN NEUES BEWUSSTSEIN ENTWICKELN

Sich vom Ziel ziehen lassen
und nicht selbst das Ziel bestimmen.
(PABLO PICASSO)

Schauen wir kurz zurück auf die bisherigen Erkenntnis-schritte – wenn Ihnen denn die bisherige Lektüre tat-sächlich einiges an Erkenntnis ermöglichen konnte!

- Sie sind Ihrem *Ich-Reflex* auf die Spur gekommen – als einem System, das unsere *Halbheit* verdrängen hilft.
- Sie haben die Rolle erkannt, die der *Verräter Eitelkeit* in diesem Spiel spielt – und wie er die *linke Seite* in uns stärkt.
- Sie haben das Instrument des *Rechthabenwollens* und überhaupt des *Habenwollens* als Ausdruck des *Ich-Reflexes* erkannt – und als Blockade für *Liebe* und *Beziehungsfähigkeit*.
- Sie haben den Einfluss der umfassenden Digitalisie-rung unserer Kommunikation und unserer Lebens-welt auf unsere Denkstrukturen und auf unsere *linke Seite* reflektiert.
- Sie haben *unbewusste Glaubenssätze* als Hemmnis für den Zugang zur Ganzheit – und auch zu Ihrer *Lebenssehnsucht* – offengelegt.
- Sie haben sich Ihrer *Lebenssehnsucht* als Wegweiser zur Ganzheit genähert und diese für sich fassbar

gemacht – sprachlich, in Form eines Symbols, einer Zeichnung o.ä.

- Sie haben unsere Fixierung auf die *eine Hälfte,* auf die *Linksausprägung des Gehirns* wahrgenommen.
- Sie haben unser menschheitlich uraltes Steuerprogramm des *Limbi* und die neuronale Programmierung *von linken Gewohnheitsmustern* als Blockaden für die Hinwendung zur *Rechtsseitigkeit* erkannt.
- Und Sie haben Methoden kennengelernt, die uns zur *Ganzheit* führen können: Das *personalisierte Gebet,* die *personalisierte Meditation,* den regelmäßigen Einsatz von *nudges.*

Jetzt stellt sich logischerweise die Frage der Fragen:

Wie kann ich nun all das nutzen, um als Persönlichkeit so zu wachsen, dass Ganzheit sozusagen automatisiert wird, dass links und rechts, Verstand und Intuition, lineares, analytisches Denken und komplexe, gefühlssensible Intelligenz permanent zusammenwirken können?

Die Frage stellt sich besonders, wenn ich weiß, dass ich nur die analytische Seite aktiv trainieren oder auch in ihre Schranken weisen kann – der ganzheitlich orientierten Seite aber lediglich *ermöglichen* kann zu wirken.

Die US-Familientherapeutin VIRGINIA SATIR hat einen tröstlichen Gedanken für uns:

Zu wissen, dass Veränderung möglich ist und der Wunsch, Veränderungen vorzunehmen, das sind zwei große erste Schritte.

So allgemein VIRGINIA SATIR formuliert – so weitreichend dürfte die Veränderung unserer Haltung, unserer Grundeinstellung zu unserem Wahrnehmen und Denken sein, wenn wir den Dialog zwischen *links* und *rechts* ermöglichen wollen. Allein eine Vereinbarung mit sich selbst wie die folgende ist wahrlich ein großer Schritt: *Ich weiß, dass ich meine Wahrnehmung und mein Denken ändern kann – und ich möchte das tun –, um der Erfüllung meiner Lebenssehnsucht näher zu kommen: der Ganzheit.*

Damit dieser Schritt nicht der erste bleibt, sondern viele weitere folgen können, ist es natürlich wichtig, sich nicht zu überfordern. Deshalb beginnen wir zunächst mit den inneren *Voraussetzungen* für die selbstgeführte Haltungsänderung, die da sind:

- Meine analytische Seite bewusst steuern lernen, ihre Selbstüberschätzung in Demut wandeln
- Mich öffnen lernen in Richtung der *anderen Seite* in mir

In diesem Vorhaben steckt schon mal ein erhebliches Potenzial für Verunsicherung. Wir sind über Jahre und Jahrzehnte geprägt durch die fraglos akzeptierte gesellschaftliche Grundannahme: Analytische Erkenntnis vermittelt Sicherheit. Im Umkehrschluss: Was nicht rational gesichert ist, verunsichert uns. Und das ist gut so! Denn wir brauchen unsere *sichere*, rationale Seite, die wir als nüchternen Wächter nutzen können, um die Verwirrtheiten abzuwehren, die aus der einseitigen Fixierung auf den anderen Pol in uns, das vermeintlich *Rechtsseitige,* entstehen können.

Mit *vermeintlich Rechtsseitigem* etikettiere ich bewusst die meisten Spielarten der *Esoterik*. Der Wortherkunft aus dem Griechischen nach bezeichnet sie eine philosophische Lehre, deren Wissen nur einem kleinen, besonderen Kreis von Auserwählten zugänglich ist. Heute verstehen wir unter *Esoterik* einen gigantischen Markt im Umfang von schätzungsweise 25 Milliarden Euro Umsatz allein in Deutschland (www.nachrichten.at, »Experten sehen Esoterik als Gefahr«, 3.3.2015). Der Markt ist in den vergangenen 15 Jahren geradezu explodiert. Angeboten wird alles, was irgendwie unter *Geheimwissenschaft* subsumiert werden kann und weder von Wissenschaft noch von etablierten Religionen anerkannt wird. Angeboten wird Harmloses von Eselsmilchtherapie bis Edelsteinmassage, aber auch Riskantes: Je nach Stabilität des Suchenden können die Kontaktaufnahme mit Jenseitigen, also das Channeln, aber auch Reinkarnationstherapien oder der Einsatz von vermeintlich weißer bzw. schwarzer Magie zu psychischen Störungen und auch totaler mentaler Abhängigkeit führen.

Gemeinsam ist vielen der esoterischen Strömungen, dass sie sich mit Vokabeln aus dem naturwissenschaftlichen Wortschatz schmücken wie »Quanten«, »Vibrationen«, »energetische Übertagung«, »Felder« – was unterschwellig Seriosität suggerieren soll.

Ich kann nicht beurteilen, ob es sich bei sämtlichen esoterischen Strömungen um geldschneiderischen Hokuspokus handelt. Ich war selbst verblüfft über die geradezu erschreckend zutreffenden Aussagen zu meiner persönlichen Geschichte, meiner Familie etc., die eine erfahrene Astrologin aus meinem Horoskop herauslas – oder auch von den Fähigkeiten eines Wünschelrutengängers. Das tut hier aber nichts zur Sache. Entscheidend ist, dass eine sehr große Zahl von Menschen offenbar aus der Sehnsucht nach *anderen* Heilquellen als der Schulmedizin, aus der Sehnsucht nach persönlicher Stabilität, innerem Frieden, nach Glückszuständen etc. das, was sie selbst an Potenzial in sich tragen, vollständig ignorieren und die Erfüllung dieser Sehnsucht an Engel, Heiler, Gurus delegieren.

Dieser Trend mag auch damit zusammenhängen, dass der schnelle, massive Effekt gesucht wird – der sich durchaus kurzzeitig einstellen kann, wenn stark *linksseitig* geprägte Menschen plötzlich ausschließlich mit vermeintlich *Rechtsseitigem* konfrontiert werden. Ein selbstschützendes Kontrollsystem dürfte in jedem von uns zumindest ansatzweise existieren, doch können wir es nur sinnvoll nutzen, wenn wir unsere Gefühlswelt zumindest ein wenig kennen. Wir benötigen also den Dialog des *Rechtsseitigen* mit unserem Verstand, der uns hilft, den Wert der Ratschläge von *Lichtmeistern* oder *Kaffeesatzlesern* kritisch mit unseren Erfahrungen, mit unserer Selbsteinschätzung und Weltsicht abzugleichen.

Wenn wir uns nun vornehmen, uns in Richtung Ganzheit zu verändern – wie oben beschrieben –, dann handelt es sich um einen selbstgesteuerten, ganz und gar individuellen und auch mit großer Wahrscheinlichkeit zeitlich ausgedehnten Wandlungsprozess, ohne spektakuläre Effekte, der von Beginn an auf den Dialog beider Seiten setzt, auf Intuition und Verstand. Das hat nichts wirklich Spektakuläres, und mit einem Funkenflug der Spontanerleuchtung hat das auch sehr wenig zu tun.

Der amerikanische Managementtrainer STEPHEN COVEY führt diesen Gedanken fort:

Gleichgewicht ist nicht ENTWEDER – ODER. Es ist UND.

Wenn wir uns also auf den Weg machen, persönliches Wachstum durch Öffnung zum *Rechts* und im Dialog der beiden Seiten zu erreichen, dann nutzen wir bereits das, was wir zu erreichen suchen: Gefühl *und* Verstand, komplexes *und* lineares Denken, Empathie *und* Analyse. Auch das war jemandem vor über 2000 Jahren offenbar bewusst gewesen: BUDDHA.

Du kannst keinen Weg gehen, wenn du nicht selbst dieser Weg geworden bist.

Und vielleicht beginnen wir an diesem Punkt bereits, eine weitere Erkenntnis des *UND* anstelle von ENT-WEDER – ODER in unsere Verarbeitung von Welt zu integrieren: Dass nämlich das, was uns widerfährt, was in der Welt aktuell geschieht, meist *beides* ist, gut *und* böse, hilfreich *und* zerstörerisch etc. Vielleicht können wir so im dauerhaften Dialog der beiden Seiten Frieden schließen mit der Einsicht, dass alles, was geschieht, ein Widerstreit ist von lebensfreundlichen und lebensfeindlichen Kräften. Es ist einfach so. Doch wir als frei handelnde, ganzheitlich aufgestellte Wesen können uns in diesem Widerstreit stets als Unterstützer des *Lebensfreundlichen* engagieren, was enorme Konsequenzen für unser Wertesystem und unser Alltagshandeln hat.

Also hat alles seinen Sinn?

Wenn man mitten im Steigflug seiner Karriere und als Vater von vier Kindern am letzten Urlaubstag in Südafrika und auf den letzten Kilometern einer Motorradtour von einem betrunkenen Autofahrer gerammt wird, sofort ein Bein, kurz danach im Krankenhaus einen Arm und dann mit den wachsenden Komplikationen fast sein Leben verliert, dann wird man sich sagen: Diese Erfahrung war zu 100 Prozent *lebensunfreundlich! Sinnlos!*

JOACHIM SCHOSS, Gründer des Internetmarktplatzes »Scout 24«, sieht das anders. *Fünf Prozent Überlebenschance* hatte er schätzungsweise, als nach der Armamputation sowohl Niere als auch Lunge kollabierten. Er spricht von einer *klassischen Nahtoderfahrung*, vom dunklen Tunnel, am Ende das wärmende, willkommene Licht. Und dann wäre von irgendwoher plötzlich die Frage da gewesen, intensiv und drängend, nämlich: Was er denn für ein Mensch gewesen sei? Er wusste: Wirtschaftlicher Erfolg zählte hier nicht. Gezählt hätte nur das: *Was für ein Vater war ich, was für ein Partner, was für ein Freund? Da hatte ich nicht viel vorzuweisen.* Und dann hätte er plötzlich seine Kinder bei sich gespürt. Sie bräuchten ihn doch! Nein, sie wollten ihn nicht gehen lassen. Und so hätte er die Kraft gefunden, zurückzukehren.

So sieht JOACHIM SCHOSS den Horrorunfall mit anschließender Schwerstbehinderung heute als *die wertvollste Erfahrung in meinem Leben* an. Denn mit der Nahtoderfahrung kämpfte er sich in ein *zweites Leben* zurück, in dem er heute völlig andere Prioritäten setzt. Familie und Beziehungen stehen an erster Stelle. Vor dem Unfall waren ihm innere Ziele wie das Streben nach Verbindung mit Menschen, Nähe zur Natur völlig unwichtig gewesen. Priorität hatte immer und einzig das Geschäft gehabt – mit dem er *glücklich war in meinem ersten Leben*. Heute ist er zwar weiter geschäftlich überaus erfolgreich, doch zugleich engagiert er sich auch finanziell enorm für karitative Projekte. Beispielsweise hat er die Internetplattform *MyHandicap* gegründet, die Menschen mit Behinderung weltweit zusammenbringt, Lösungen und berufliche Perspektiven anbietet.

Alles, was uns widerfährt, ist gut *und* böse? Diese Erwartung als *Haltung zum Leben* führt uns ins Gleichgewicht. Kein Kampf um *Entweder – Oder*. Kein *Links vor Rechts* oder umgekehrt. Die Aufmerksamkeit, die Offenheit liegt auf dem *Und*. Die innere Haltung verändern – um sich zu öffnen für die Erfahrung der intuitiven Seite in uns: Der jüdische Neurologe und Psychiater VIKTOR E. FRANKL, der knapp drei Jahre in vier KZs überlebte, darunter Theresienstadt und Auschwitz, brachte das *Entweder – Oder* geradezu radikal auf den Punkt in seinem 1946 erschienenen Buch *… trotzdem Ja zum Leben sagen. Ein Psychologe erlebt das Konzentrationslager*:

Das Leben selbst ist es, das dem Menschen Fragen stellt. Er hat nicht zu fragen, er ist vielmehr der vom Leben her Befragte, der dem Leben zu antworten – das Leben zu ver-antworten hat.

Sein Leben zu ver-antworten, welche irrwitzigen Fragen es auch stellen mag – und es immer in Richtung des *Guten* zu wenden – damit leben wir *Sinn*. Diese These ist Grundlage der von FRANKL entwickelten Therapieform und vor dem Hintergrund seiner persönlichen grauenhaften Erfahrungen von extremer Aussagekraft.

Das Thema *Sinnfindung* als inneren Kompass werde ich im Folgenden noch weiter vertiefen. Hier ist mir wichtig, einen wesentlichen Impuls zu beschreiben, der uns eine Haltung einnehmen hilft, die uns in Richtung Ganzheit öffnet: Natürlich steuern wir unser Leben jeden Tag, mit zehntausenden Entscheidungen, ob klein oder groß. Und zugleich geschehen uns so viele völlig unvorhergesehene Dinge. Es sind die Fragen, die uns das Leben stellt, die wir *zunächst nicht steuern* können und die wir zu ver-antworten, auf die wir verantwortungsvoll zu reagieren haben. Wenn wir das Unvorhergesehene als normale Impulse des Lebens akzeptieren, die uns herausfordern und für deren Bewältigung wir Verantwortung übernehmen, dann öffnen wir uns für *alles, was kommt*. Diese Haltung der Unvoreingenommenheit öffnet uns auch für die Intuition, für die ganzheitliche Emotion – also für die *andere* Seite in uns selbst.

Und so trägt uns vielleicht folgender Satz von VIKTOR E. FRANKL weiter – er war als letzte Aussage der berührende Schluss einer halbstündigen Dokumentation im Österreichischen Fernsehen:

Menschsein heißt, verantwortlich zu sein für die Erfüllung jenes Sinnes, der darauf wartet, von ihm und nur von ihm erfüllt zu werden.[11]

Sind *Sie* sich denn des *Sinnes* bewusst, *der darauf wartet, von Ihnen und nur von Ihnen erfüllt zu werden?* Und fragen wir weiter: Könnte es sein, dass Sie diesen *Sinn,* der nur von Ihnen und für Ihr Leben gefunden werden will – besonders dann entdecken können, wenn Sie bewusst in Verbindung treten mit der intuitiven Seite in Ihnen? Könnte es sein, dass erst die ganzheitliche Weisheit – die ich nach JULIUS KUHL *spirituelle Intelligenz* nennen möchte –, dass erst sie uns zu dem führen wird, was im besten Sinn *Menschsein* heißt, nämlich den ureigenen *Sinn des Lebens* zu erfüllen?

Wenn dem so wäre, dann könnte der Dreiklang zu einem erfüllten Leben wie folgt aussehen:

Das Wahrnehmen der Lebenssehnsucht führt uns zur Entdeckung und Integration der intuitiven, ganzheitlichen Seite in uns, die uns in die Lage versetzt – im Dialog mit dem analytischen Verstand –, wahrhaft Mensch zu sein, indem wir den ureigenen Sinn unseres Lebens erfüllen.

Das würde bedeuten: Auf dem Weg zum wahren *Menschsein* entwickeln wir *spirituelle Intelligenz* als nächste Bewusstseinsstufe – oberhalb derer, auf der wir bislang agierten.

Starker Tobak?
Zur Erinnerung: Wir sind gerade dabei, eine Haltung zu entwickeln, die uns nachhaltig für Veränderung öffnet. Dazu braucht es ein mentales Ziel, nämlich: wahrhaft *Mensch* zu sein, indem wir den *ureigenen Sinn* unseres Lebens erfüllen. Um genau das leben zu können, braucht es die Integration *der anderen Seite* in uns.

Wie kann das konkret aussehen, in Ihrer Lebenswirklichkeit, fragen Sie?

VIKTOR E. FRANKL und JOACHIM SCHOSS entwickelten das für sie elementar Sinnhafte nach extremen Existenzkrisen. FRANKL arbeitete bis zu seinem Tod mit 92 Jahren beseelt an der Entwicklung seiner *Logotherapie* (sinnzentrierte Therapiemethode) und sagte in der gerade erwähnten Dokumentation, also drei Jahre vor seinem Tod, als er nach seiner Haltung zum Sterben gefragt wurde:

Ich habe nicht Angst vor dem Tod, sondern vor dem Nicht-ge-lebt-Haben.
Und nach seiner Einschätzung lebte er intensiv. Denn der *Sinn,* den er seinem Leben gegeben habe, den hätte er erfüllen können: *Die Saat, die man jahrzehntelang gesät hat, geht auf. Mir war vergönnt, Menschen zu helfen durch Befähigung zur Selbsthilfe.*

JOACHIM SCHOSS unterstützt heute wie gesagt Menschen mit Behinderung über die Plattform *MyHandicap* in allen Themen ihres Lebens, weil diese Plattform Selbsthilfe, Selbstorganisation ermöglicht – auch als Jobbörse immer neue, intelligente Programme aufsetzt. Ich wage zu behaupten: Beide, FRANKL und SCHOSS, gelang es auf ihrem Weg, ihr Leben zu *ver-antworten,* ein neues Bewusstsein zu entwickeln und eine moderne Form *spiritueller Intelligenz.*

Und wie sieht das nun aus mit der Selbst-Veränderung und Sinnfindung für uns, für Menschen mit weniger extremen Biografien?
Wenn ich mich selbst rückblickend frage: Was hat mich damals veranlasst, ja geradezu getrieben, meinen Beamtenjob als Studienrätin aufzugeben, meinen Mann zu

verlassen und ohne Job nach Berlin zu gehen? Damals, vor 30 Jahren, habe ich zur Begründung die wunderbare DDR-Autorin CHRISTA WOLF zitiert:

Hinter sich lassen, was keine Herausforderung darstellt.

Das war sicher durchaus *ein* Motiv, fast alle Koordinaten meines Lebens zu ändern. Nach sieben Jahre Schuldienst – den ich auch für mich als Lernort begriffen habe, nämlich zu lernen, wie ich junge Menschen motivieren, führen, vielleicht sogar begeistern könnte – wollte ich beruflich mehr. Ich wollte mich entwickeln können. Die Möglichkeiten dafür sind im Schuldienst sehr begrenzt. Also stieg ich aus.

Doch aus heutiger Sicht steht für diesen Bruch im Lebenslauf noch eine andere, umfassendere Motivation, meine *Lebenssehnsucht* nämlich. Sie spürte ich damals nur diffus – doch sie war extrem stark. BUDDHA hat diesen Impuls zur Veränderung in ein einfaches Bild gefasst:

Der Mensch ist kein Baum. Wenn er am falschen Platz steht, sollte er sich einen anderen suchen.

Für die Erfüllung meiner *Lebenssehnsucht* war ich am falschen Platz. So sehe ich das heute. Damals war mir nicht voll bewusst, was ich *wirklich* suchte, als ich meine Leidenschaft für Filme zu einer Leidenschaft für das Filmemachen ausbaute und dann tatsächlich in Berlin als Scriptgirl und Regieassistentin arbeitete.

Was ich *wirklich* suchte, das war *ganz* zu werden, das war, Verstand und Gefühl zu versöhnen, neue, unbekannte

Seiten in mir zu entdecken, mich auszutesten, ob ich vielleicht mit der Kunstform Film irgendwann Menschen berühren – ihnen vielleicht Erkenntnis ermöglichen könnte. Als Lehrerin hätte ich – das war mir nach all den Jahren sonnenklar – die Leidenschaft für die Entwicklung der Schüler nicht langfristig auf der Temperatur des Anfangs halten können. Zu viel Bürokratie, zu wenig Bewegungsspielraum – ja: zu wenig *Freiheit*. Andere Menschen können genau diese Schulstrukturen ausblenden, transzendieren oder wie immer man das formulieren mag. Sie sind in ihrem Einsatz für die Entwicklung der Schüler nicht zu irritieren und finden im besten Falle den *ureigenen Sinn* ihres Lebens in genau dieser Arbeit. Ich gehörte nicht dazu.

Damit sind wir bei einer weiteren Grundvoraussetzung für selbstgesteuerte mentale Veränderung. Neben der *Sinnerfüllung als inneres Ziel* ist es die innere *Freiheit*, sich selbstverantwortlich dorthin zu entwickeln, wohin die *Lebenssehnsucht* weisen mag.

Die hat gut reden!, sagen Sie vielleicht. *Die hatte Berufserfahrung, kommt aus einem Akademikerhaushalt, was sollte der schon passieren? Klar ist die frei ...* Für mich stellte sich die Situation damals ganz anders dar. Als verbeamtete Studienrätin in eine andere, neue Berufswelt starten? Dafür brauchte man in den meisten Fällen eine abgeschlossene Berufsausbildung. Und meine Eltern vertraten konsequent den Standpunkt: *Eine* Ausbildung haben wir dir finanziert, alles andere musst du alleine machen. In den Lehrerberuf wollte ich auf keinen Fall zurück. Ich sprang also gewissermaßen ohne Netz und doppelten Boden, und ich wusste nicht genau, wohin ich sprang. Doch irgendetwas sagte mir wieder und wieder – und das vor allem, *bevor* ich den Absprung tatsächlich wagte: *Mach es! Es ist richtig! Irgendwohin wird dich deine Sehnsucht nach Veränderung führen. Und es wird stimmen für dich.*

Ich hatte keine Verpflichtungen. Ich hatte keine Kinder, meinen Eltern ging es gesundheitlich gut – ich war also nur für mich selbst verantwortlich. Sonst hätte ich das Thema *Freiheit* natürlich völlig anders gelebt. Dennoch – und deshalb erzähle ich hier aus meiner persönlichen Geschichte: Über die *Freiheit* für die Entscheidung zu einer inneren Veränderung verfügt jeder. Es geht letztlich darum, diese *Freiheit* zu erkennen und dann zu nutzen – und sei es zunächst nur, um überhaupt erst einmal Türen zu öffnen zu neuen, anderen Welten in sich selbst. Dazu braucht es weder grauenhafte Schicksalsschläge wie bei VIKTOR E. FRANKL oder JOACHIM SCHOSS. Noch braucht es eine selbstbestimmte Lebenswende, zu der ich mich entschieden hatte. Dazu braucht es die Wahrnehmung der *Lebenssehnsucht* und die *Freiheit,* sich bewusst der *ureigenen Sinnfrage* zu öffnen.

Das ist Ihnen nicht ausreichend konkret, nicht genug Anleitung? Ich fürchte, es geht nicht konkreter, und es gibt keine allgemeingültige Gebrauchsanleitung. Deshalb bitte ich um Verständnis, dass ich meinen Wegweiser zum Selbst noch einmal wiederhole:

Das Wahrnehmen der Lebenssehnsucht führt uns zur Entdeckung und Integration der intuitiven, ganzheitlichen Seite in uns, die uns in die Lage versetzt – im Dialog mit dem analytischen Verstand –, wahrhaft Mensch zu sein, indem wir den ureigenen Sinn unseres Lebens erfüllen.

Wenn Sie sich einlassen auf die innere Entscheidung, sich für innere Veränderung zu öffnen und das bewusst in Richtung Ihrer *anderen, rechten Seite* ... dann werden Sie mit der Zeit ganz Eigenes, Einzigartiges entdecken. Ihre *spirituelle Intelligenz* wird für Sie als Wegweiser wirken. Und da die *intuitive Seite* nun mal anders arbeitet, werden *Eingebungen, Gedankenblitze, Flashs, Inspirationen* eine besondere Rolle spielen. Und Sie werden damit beginnen, sich überhaupt erst für so etwas *Irrationales* zu sensibilisieren. Da gilt es das Unterscheiden zu lernen zwischen hilfreicher Inspiration und sinnlosem Gedankenfetzen. Denn es führt ja oft in unserer Gedankenwelt ein konzeptloser Gedankenzirkus von *links* Regie. Dazu kommt der *Ich-Reflex* mit seinem Eigenleben, wie wir zu Beginn gesehen haben – und wir flüstern uns noch dazu irreführende Glaubenssätze ein. Um also unterscheiden zu lernen, was tatsächlich wegweisende Eingebungen für Weichenstellungen des Lebens sind – und was nur ein Tanz lästiger Gedankenmoskitos (die offensiv unsere Wahrnehmung für das Wesentliche blockieren), dafür braucht es sensible Antennen.

JOHANN W. v. GOETHE fasst das schwer Fassbare in Worte:

Sobald der Geist auf ein Ziel gerichtet ist, kommt ihm vieles entgegen.

Und LOUIS PASTEUR, der Pionier der Schutzimpfung und Entwickler der Pasteurisierung, hat da auch was Schönes:

Der Zufall trifft nur einen vorbereiteten Geist.

Damit kommen wir zurück zum Thema *innere Freiheit* als weitere Grundvoraussetzung für selbstgesteuerte Veränderung. Sie haben die Erfahrung sicherlich schon des Öfteren gemacht: Sie sind innerlich offen – sagen wir für einen neuen Partner oder für eine berufliche Veränderung. Sie fühlen sich frei – das heißt, Sie *müssen* nicht *unbedingt* einen neuen Partner finden für Ihr Glück. Sie fühlen sich auch ohne Partner wohl in Ihrer Haut. Oder Sie könnten problemlos noch lange in Ihrem aktuellen Beruf bleiben, Sie sind nicht *bedürftig,* doch Sie stellen Ihre Antennen auf Empfang, öffnen sich bewusst möglichem Neuen – und damit der Intuition.

Innere Freiheit wächst, wenn ich mich vom Haben-Wollen-Sein-Müssen des *Ich-Reflexes,* der *Glaubenssätze* löse und mein tiefes inneres Ziel mit Gelassenheit visioniere. FRIEDRICH JÜNGER beschreibt die Gestimmtheit, die daraus entsteht:

Heiterkeit ist immer das Anzeichen der Freiheit.

Sich lösen von dem, was Sie unbedingt haben wollen, wer Sie unbedingt sein wollen, wo Sie unbedingt hinwollen. Weder Getriebenheit noch Ohnmachtsgefühle haben in solch einer Haltung Platz. Und wer sich frei fühlt, ist heiter. So einfach ist das? Natürlich nicht. Aber es ist ein lohnendes inneres Ziel.

Also: Wenn Sie laut GOETHE Ihren *Geist auf ein Ziel richten* – oder laut PASTEUR Ihren *Geist vorbereiten,* und das aus der heiteren Haltung der inneren Freiheit heraus, dann kommt Ihnen *vieles entgegen,* dann *trifft* Sie der Zufall ... *Zufällig* ist er plötzlich da, ein neuer Bekannter, der Sie in seinen Freundeskreis entführt. Oder es kommt Ihnen ein Mensch *entgegen,* der Sie spontan fasziniert und sich später als wunderbarer Partner entpuppt. Sie haben sich dafür geöffnet, dass der *Zufall* und Ihre *Intuition* wirken können.

Da wären wir ja beinahe im Supermarkt der universellen Wunscherfüllung angelangt! Die australische Autorin und Dokumentarfilmerin RHONDA BYRNE hatte in ihrem Bestseller *The Secret (Das Geheimnis)* einen sehr schlichten Weg ins Glück entworfen: Wir bestellen einfach alles, was wir wollen – ob Geld, Partner, Superjob oder Gesundheit gewissermaßen aus einer Wundertüte im Himmel, und dann wird sich das Gewünschte früher oder später sanft auf uns hinuntersenken ... Wenn wir positiv denken und der Kraft unserer Gedanken die nötige Anziehungskraft verleihen ... Über 20 Millionen Mal hat sie ihr Buch verkauft, in 50 Sprachen wurde es übersetzt.

Dass selbstverstärkende Gedanken, also Selbstaffirmationen sowohl stärkende als auch heilende Wirkung haben können, das gilt heute auch in Kreisen der Wissenschaft durchaus nicht mehr als Hokuspokus. Doch daraus abzuleiten, dass wir uns gezielt ein Wunschkonzert des Glücks erfideln könnten, allein durch die Anziehungskraft dessen, was wir uns intensiv erdenken – das ist das Gegenteil von dem, was ich erfahrbar machen möchte.

Nie und nimmer würde ich in Aussicht stellen wollen, dass wir uns konkrete Wünsche erfüllen könnten, indem wir lernen, uns mit unserer *anderen Seite* zu verbinden. Innere Zielerreichung läuft eher umgekehrt und frei nach PABLO PICASSO:

Sich vom Ziel ziehen lassen und nicht selbst das Ziel bestimmen.

Das bedeutet ja gerade, bereit zu sein für eine Veränderung, die Loslassen heißt. Loslassen von konkreter Ziel- und Wunschbestimmung und zugleich das Einlassen auf eine Vision, auf einen Bewusstseinszustand als inneres Ziel. Was das genau sein wird, wie ich ein *neues Bewusstsein der spirituellen Intelligenz* im Alltag leben werde, das erkenne ich erst im Prozess der Öffnung. Und um diesen Prozess überhaupt zu ermöglichen, muss ich mir die Bedingungen dafür schaffen.

Deshalb sprach der französische Sozialtheoretiker CLAUDE-HENRI de SAINT-SIMON von folgendem:

Inspirationen gehen klare Gedanken voraus.

Diesen *klaren Gedanken* ist letztlich dieses ganze Buch gewidmet – und sie sind keine Wünsche, die ich ins Universum schicke, sondern Voraussetzungen dafür, dass wir überhaupt in den Dialog beider Seiten in uns treten können. Als erstes muss uns *klar* sein, dass Angst und Stress sowohl die Fähigkeit zu Veränderung als auch den Zugang zu unserer intuitiven Seite blockieren (dazu gibt es so viele Studien, dass ich mir hier die Belege erspare). Das heißt, wir schaffen uns Orte der Ruhe, an denen mentale Offenheit wunderbar wachsen kann. Dazu ein weiterer sinn-voller Satz – in diesem Fall von WALTHER RATHENAU (Unternehmer, Schriftsteller, Reichsaußenminister, 1922 ermordet):

Das Ja zu einem großen Ziel verlangt viele Neins.

Sicher verfolge ich in diesem Kapitel etwas andere Ziele als RATHENAU, doch die Methodik ist die gleiche: Wenn ich Orte der Ruhe nutzen möchte, an denen mentale Offenheit gut zu finden ist, dann braucht das viele *Neins*.

Jeder von uns kann problemlos prüfen, welche Termine solchen *Neins* zum Opfer fallen können. Und Sie können ebenso prüfen, wie schmerzhaft die Folgen der *Neins* dann tatsächlich wären, wenn Sie den Gewinn an persönlicher Reifung dagegen setzen, den Sie an Orten der Ruhe fanden.

Hier habe ich ein paar konkrete Anregungen, wie Sie sich Bedingungen für die innere Öffnung schaffen können. Sie stammen aus einer Kärtchensammlung, die ich vor einigen Jahren mit der Psychologin MARGARETHA HÖBENER unter dem Titel »52 Streicheleinheiten für die Seele« zusammengestellt habe – und die bitte lediglich als Anregungen zu verstehen sind – für Ihre persönliche Kreativität, die Seele zu streicheln:

BETRETEN SIE DIE WELT DER WUNDER

Gehen Sie davon aus, dass in Ihrem Leben etwas Wunderbares geschehen wird, etwas, worauf Sie gar nicht gewartet haben. Dennoch wird es geschehen. Erwarten Sie einfach ein Wunder. Ein kleines oder großes Wunder, wer weiß. Heute, morgen oder in der nächsten Zeit. Alles dafür ist in Vorbereitung. Sie können es geradezu spüren. Seien Sie offen dafür. Freuen Sie sich darauf.

SCHAFFEN SIE SICH IHRE EIGENE ZEIT

Legen Sie für eine Stunde sämtlichen Störenfrieden das Handwerk: Stellen Sie alle Geräusche ab. Radio, Fernseher, PC, Smartphone – sie haben bei Ihnen für diese sechzig Minuten keine Chance. Genießen Sie die Stille. Lassen Sie sich durch Ihre Wohnung treiben, doch tun Sie nichts Nützliches. Vielleicht verlieren Sie sich in alten Fotos oder versinken in Briefen einer längst verflossenen Liebe. Vielleicht meditieren Sie oder widmen sich hingebungsvoll einer Maniküre. Egal, wofür Sie sich entscheiden: Geben Sie Ihrer Seele Raum!

NEHMEN SIE SICH ZEIT

Tun Sie etwas Ungewöhnliches an einem ganz gewöhnlichen Tag: Stehen Sie eine Stunde früher auf als nötig für einen Morgenspaziergang, nehmen Sie einen Drink in dem netten Café, an dem Sie zufällig vorbeikommen, und genießen Sie die kleine Pause. Lesen Sie statt der üblichen Zeitungen ein Gedicht und denken Sie eine Weile über den Sinn nach. Kaufen Sie sich auf dem Weg ins Büro in dem Blumenladen an der Ecke eine Blume für Ihren Schreibtisch. Und schon sind Sie der Qualität und dem Glanz des Lebens auf der Spur.

ERTASTEN SIE IHRE WELT

Schicken Sie das Sehen für ein paar Minuten in den Urlaub. Räumen Sie dem Tasten, Fühlen, Spüren Vorfahrt ein. Vielleicht, wenn Sie in einer Warteschlange stehen: Geben Sie sich selbst die Hand, lassen Sie die eine Hand Form und Haut der anderen erfühlen. Wie weich die Haut im Daumenwinkel ist! Spüren Sie Ihren Puls, wie das Blut im Handgelenk pocht. Wenn Sie allein sind – ertasten Sie Ihr Gesicht. Was sie täglich im Spiegel sehen, fühlt sich plötzlich so ganz anders an. Spüren Sie Ihr Leben. Vielleicht haben Sie auch gerade Tul-

pen in eine Vase gestellt. Schließen Sie die Augen. Atmen Sie aus. Und ertasten Sie deren feste Kühle. Die sanfte Rundung der Blütenblätter, den samtenen Stempel. Ein Kunstwerk – und Sie haben es mit Ihren Fingern gesehen!

Spüren Sie, wie sich Ihr Inneres öffnen kann, wenn Sie solche Miniatur-Momente in Ihren Alltag streuen? *Ja, öffnen wohin nun ganz genau?* werden Sie vielleicht nochmals fragen. Und ich kann nur sagen: *Das wird sich dann zeigen. Und es zeigt sich nur für Sie.*

RAINER MARIA RILKE überlasse ich Zusammenfassung und Ausblick:

Die Zukunft tritt in uns ein, um sich in uns zu verwandeln, schon lange ehe sie geschieht.

11

AUSBRECHEN AUS DEM ICH – ZUM DU

Bei sich beginnen, aber nicht bei sich enden,
bei sich anfangen, aber sich nicht selbst zum Ziel haben.
(MARTIN BUBER)

Wenn wir reisen, wollen wir uns wohlfühlen. Ganz besonders dann, wenn wir das Ziel nicht genau kennen. Dann rückt der Weg, den wir gehen, ins Zentrum unserer Aufmerksamkeit, *dann wird er zum Ziel,* wie BUDDHA uns lehrte. Genau das haben Sie bis hierher gelernt – wenn Sie den Weg bislang mitgehen mochten, den Weg zur Achtsamkeit und Bewusstheit. Sie haben sich mithilfe von kleinen Stupsern, von *nudges,* trainiert, den ego-getriebenen Dünkel Ihres Verstandes in seine Grenzen zu weisen und damit Raum zu öffnen für die Sehnsucht und die Fähigkeit, die in jedem von uns verborgen ist: Für die Verbindung mit dem Sein, die Hingabe an das Leben. Achtsamkeit, innere Freiheit, die Kraft der Gegenwart erleben – Unmengen an Vokabeln deuten auf die Form der Bewusstheit hin, die wir erlangen, wenn wir uns mit der *anderen Seite* in uns verbinden. Und zugleich wissen wir: Worte können nur Wegweiser sein. Worte wie *Achtsamkeit, Bewusstheit* weisen hin auf eine innere Haltung und auf das Integrieren von Tiefe, von Frieden in unser Leben. Jeder wird seine ganz eigene Erfahrung machen, sein ganz eigenes Gefühlsmuster weben. Doch *ein* Gefühl wird immer Reisebegleiter sein:

Sie fühlen sich wohl. Sich seiner eigenen Gefühlswelt öffnen, der Intuition Raum geben, mit Achtsamkeit die Miniatur-Wunder des Alltags erleben – das hebt die Lebenstemperatur.

Und was dann sprudelt in uns, das kennen wir natürlich! Allerdings hat uns vielleicht die Sensitivität dafür gefehlt, diesen Quell bewusst als *die Kraft* wahrzunehmen, die immer da war in uns und die nie nachlassen wird, und das ist natürlich die *Liebe!* So, und jetzt ist das Risiko groß, in Plattitüden abzurutschen – besonders wenn ich vom *Quell der Liebe* in uns spreche, der immer da war und nie versiegen wird. Wie naiv ist das denn?, werden Sie vielleicht fragen. Natürlich ist dieser Quell häufig ziemlich trockengelegt. Einfach weg! Sehr oft sogar! Ein stressiges Meeting, ein genervter Partner, Sie stehen seit Stunden im Stau – und in Ihnen sprudelt ein Quell, der nie versiegen wird? Gehts noch?

Ja, es geht noch. Das, was wir freilegen in uns, wenn wir unserer Lebenssehnsucht folgen und auch unserem inneren Ziel, das ist – unter anderem natürlich – das Bewusstsein für die Fähigkeit lieben zu können! Wenn Sie Ihr Kind im Arm halten, Ihren Partner oder Ihren Hund, ist dann das Bild vom sprudelnden Quell eine Plattitüde? Nicht wirklich. Doch seine dauerhafte Existenz als wesentlicher Teil meines Bewusstseins? Gewöhnungsbedürftig. Da funkt ja ständig der *Ich-Reflex* dazwischen. Aber den haben wir ja zum Glück bereits ruhiggestellt.

Wagen wir also einen kleinen Selbstversuch! Was geht in Ihnen vor, wenn Sie laut vor sich hersagen:

I am love
oder
Ich bin Liebe?

Fühlen Sie: Daran ist durchaus etwas Wahres? »*Ich bin Liebe*« – das gilt für jeden von uns wahrlich nicht in allen Lebenslagen. Doch schwingt vielleicht dieser Seinszustand »*Ich bin Liebe*« auf der Frequenz Ihrer Lebenssehnsucht mit? Darin liegt etwas ähnlich Kraftvolles, Stabilisierendes verborgen wie in den Momenten, in denen wir uns mit unserer *anderen Seite* und damit mit der Natur, mit anderen Menschen, mit dem Sein verbunden fühlen. Ein Leben in »*Ich bin Liebe*« tut erst mal gut. Doch dann kommt natürlich die *linke Seite* daher und sagt: *Du spinnst! Dummes Zeug! Du bist naiv!* Ich dagegen behaupte: Wir spinnen nicht! Denn ich hole mir Unterstützung bei MARTIN BUBER:

Bei sich beginnen, aber nicht bei sich enden, bei sich anfangen, aber sich nicht selbst zum Ziel haben.

Wagen wir doch folgendes Gedanken-/Gefühlsexperiment: Sollte es denn so sein *können,* dass wir Liebe *wären,* wenn wir denn *wollten* – dann könnten wir das doch auch sein, wenn wir gerade um ein Projekt kämpfen in der Firma, wenn wir sauer sind, dass da jemand einen Saustall hinterlassen hat zuhause – oder wenn wir uns von einem Freund verraten fühlen. Stichwort: *Nicht ENTWEDER – ODER. Sondern UND.*

Nehmen wir das Beispiel *Saustall.* Als Sie weggingen von zuhause, war alles einigermaßen übersichtlich und damit gemütlich. Ihr Partner und Ihre Kinder kennen das natürlich bestens von Ihnen: Sie brauchen eine gewisse Aufgeräumtheit für Ihr Wohlbefinden. Deshalb schlägt ein Küchenchaos samt Stiefeldreck und Mülltüte im Flur, die von der Katze aufgerissen wurde, direkt in Ihre Magengrube. Das ist ein rücksichtsloser Angriff auf Ihre Persönlichkeit! Wer harmonisch zusammenleben möchte, braucht Respekt und Regeln. Beides wurde grob und willentlich missachtet! Jetzt hängt der Haussegen schief, aber so richtig!

So. Und jetzt stellen Sie sich vor, Sie erleben das Ganze in der Gewissheit: *Ich bin Liebe!* Was passiert dann? Sie ärgern sich genauso und sinnen vielleicht auf Rache. Und dann achten Sie auf dieses wunderbare Gefühl, das immer da ist, das Sie so schätzen und immer mal wieder bewusst probesprudeln lassen. *Ich bin Liebe!* Gut, jetzt liebe ich mich erst mal selbst. Und das geht hervorragend, wenn ich mir mit meinem Ärger nicht den Tag versaue. Es handelt sich schließlich um *meine* Lebenszeit! Gut, wie nun also reagieren – aus der Haltung liebevoller Gelassenheit mir selbst gegenüber? Vielleicht dieses Mal humorvoll mit Biss? Sie machen es sich schön – gehen ins Fitnessstudio, in die Sauna oder vereinbaren einen Massagetermin – und schreiben an Ihre Familie per WhatsApp-Gruppe: »Bin bei der Massage. Komme erst wieder, wenn aufgeräumt ist. Das kann teuer werden für euch! Ihr zahlt nämlich so lange!« Klar, das mag jetzt vielleicht nicht für Ihre aktuelle Familiensituation passen, aber eins wird vielleicht deutlich: Aus der Haltung *Ich bin Liebe* wächst Nähe *und* Distanz. Nähe zu dem, was wichtig ist – und das sind in diesem Fall auf der einen Seite Sie selbst, dann das wertvolle Gut Ihrer Familienbande – und auf der anderen Seite Distanz zum Vorfall.

Der Vorfall selbst kann Sie nicht mehr so tief verletzen. Weil Sie in einem Mantel aus Liebe leben.

Und was soll in diesem Zusammenhang der Spruch von MARTIN BUBER? Sie haben da doch eindeutig *sich selbst zum Ziel!*

Ja – *und* Sie haben mit großer Wahrscheinlichkeit einen größeren Familienkrach verhindert, indem Sie humorvoll ausgedrückt haben, was eh schon jeder weiß: Ich finde es respektlos und verletzend, dass ihr so einen Dreck macht, ich räume euch nicht hinterher, sondern kümmere mich um mich – und ich biete euch die Chance, die Sache schnell aus der Welt zu schaffen. Ob ihr dann tatsächlich meine Massage bezahlen müsst, lasse ich humorvoll offen. Damit haben Sie *bei sich angefangen, aber sich nicht selbst zum Ziel* gehabt, sondern die Chance auf ein harmonisches Familienleben ...

Und damit hätten Sie geradezu *gelb* gehandelt! Wieso um Himmels Willen *GELB*, bitteschön? Damit möchte ich einen kleinen Exkurs eröffnen, der das Thema *Ich bin Liebe* in seiner modernen Auslegung hoffentlich weit aus der Plattitüden-Gefahrenzone hebt: *Gelb* ist die Farbe der höchsten Bewusstseinsstufe, die in der Menschheit derzeit anzutreffen ist.

Manchen von Ihnen ist vielleicht das *Stufenmodell* des Psychologen CLARE GRAVES zur Bewusstseinsentwicklung der Menschheit bekannt. GRAVES war Professor für Psychologie in New York und entwarf in den 50er-Jahren ein faszinierendes Modell für die Persönlichkeitsbildung, das bis heute eine große Rolle spielt, auch in der

Managerausbildung oder Theologie. GRAVES' Modell besagt, dass die menschliche Spezies immer dann, wenn sie durch existenzielle Probleme in Gefahr geriet, durch Entwicklung einer neuen Bewusstseinsstufe zur Lösung der Herausforderungen in der Lage war. Er erklärt diesen Prozess durch eine Wechselwirkung äußerer Bedingungen und neuronaler Systeme im Gehirn. Seine Schüler DON BECK und CHRISTOPHER COWAN bauten darauf in den 70er-Jahren ihr Modell SPIRAL DYNAMICS auf, indem sie den verschiedenen Bewusstseinsstufen Farben gaben und die mentale Gesamtentwicklung des Menschen in das Bild einer nach oben weit aufschwingenden Spirale fassten. Derzeit besteht sie aus neun Ebenen. Doch sollte die Entwicklung des menschlichen Bewusstseins noch weiter fortschreiten, dann würde es laut BECK und COWAN noch weitere Ebenen geben.

Die jüngste und höchste Stufe des menschlichen Bewusstseins ist in diesem Modell aktuell die siebte. Sie entwickelte sich laut BECK und COWAN mit der Technologie der Digitalisierung – die Farbkennzeichnung ist in diesem Fall Gelb. Der Bestsellerautor und Theologe TIKI KÜSTENMACHER definiert diese Bewusstseinsstufe in seinem Buch zur spirituellen Bewusstseinsentwicklung wie folgt:

Menschen mit diesem Bewusstseinsschwerpunkt in GELB sind besonders offen für neue, kreative und oft überraschende Problemlösungen ... Der Zukunftsforscher MATTHIAS HORX spricht von der neuen Fähigkeit des »fluiden Denkens«, das auf mehreren Ebenen Prozesse, Resonanzen und Wechselwirkungen wahrnehmen kann, wie unterschiedlichste und sogar widersprüchlichste Elemente zusammenhängen und einen Sinn ergeben. GELB spielt die unterschied-

lichsten Szenarien durch und benutzt Kopf, Herz und Bauch gemeinsam als »Simulationsmaschine« für eine offene, multiperspektivische Weltbetrachtung ... Menschen, die die GELBE Bewusstseinsstufe betreten, fühlen sich oft einsam. Es gibt zu wenig Mitmenschen, die ihre Sichtweise teilen, denn GELB ist erst im Entstehen. KEN WILBER schätzt den Anteil von GELB an der Weltbevölkerung auf ein Prozent.[12]

Laut KEN WILBER dürfte es derzeit nur wenige Menschen geben, die in *GELB* denken und fühlen, doch prüfen Sie sich doch spielerisch selbst: Finden Sie sich in *GELB* zumindest ansatzweise wieder?

Dann wäre der Liebesbegriff, den ich am Beispiel des Familienchaos' zugegebenerweise sehr rustikal beschrieben habe, für Sie auf der Ebene eines *neuen Bewusstseins* begreifbar. »*Alles ist mit allem verknüpft im lebendigen Zusammenspiel von Gefühl und Wissen.*« Menschen mit *GELB*-Bewusstsein leben den Dialog von *links* und *rechts* und entwickeln aus der Haltung der Ganzheit *und* des Ertragens von Widersprüchlichkeit das Potenzial umfassender Liebesfähigkeit – auch weil der *Ich-Reflex* massiv an Einfluss verliert. Weil die Intuition, die Verbindung zum Sein durch das Integrieren der *rechten Seite* zum Teil der Persönlichkeit geworden ist, sind *gelb* denkende Menschen in der Lage, auch in den Niederungen des Alltags ihr *inneres Ziel* zu verfolgen.

Das Wesentliche bleibt immer als ein Bereich des persönlichen Strebens bewusst: Wertschätzung des Lebens, Demut vor dem Wunder der Schöpfung und das Glück, Teil dieser Schöpfung zu sein.

Worte können hier – ich wiederhole es gerne – nur Wegweiser zu einem Bewusstsein sein, das sich Worten konsequent entzieht. Menschen mit *GELB*-Bewusstsein entwickeln deshalb eine umfassende Liebesfähigkeit, eine tiefe Heiterkeit aus der Distanz zu allem, was *linksgesteuert* und *Ich-Reflex* ist und sind damit nah an der inneren Zielerreichung: ein ausbalanciertes Leben in innerem Frieden, auch wenn die aktuellen Herausforderungen alles andere als gemütlich sind.

Sicher – die Bewusstseinsstufe *GELB* habe ich modellhaft, in gewisser Weise idealisiert beschrieben. Doch hilft uns dieses Denk- und Fühlmodell beim Einordnen, beim Verstehen dessen, was in heutigen, unruhigen Zeiten unsere Lebenssehnsucht und unser inneres Ziel prägen könnte: nämlich den modernen Herausforderungen von VUCA (ein Akronym, das in den 90er-Jahren an einer amerikanischen Militärhochschule geprägt wurde als Kurzfassung der Herausforderungen unserer multipolaren, komplexen Lebensrealität: Volatility, Uncertainty, Complexity, Ambiguity = Unbeständigkeit, Unsicherheit, Komplexität und Widersprüchlichkeit) mit einer inneren Haltung der Flexibilität, Angstfreiheit und spiritueller Stärke zu begegnen.

Natürlich brauchen Sie jetzt – um die Modellstufe *GELB* für sich persönlich einordnen zu können – einen kurzen Überblick über die sechs Bewusstseinsstufen der Menschheit, die spiralabwärts die Basis bilden:

BEIGE: Archaische Stufe des Überlebenswillens (Beginn vor ca. 100 000 Jahren)

PURPUR: Magisch-animistische Stufe der Ahnengeister und Sippe (Beginn vor ca. 50 000 Jahren)

ROT: Egozentrische Stufe der Machtgötter und Eroberungskämpfe, Entstehung von Königreichen (Beginn vor ca. 10 000 Jahren)

BLAU: Absolutistische Stufe der Wahrheit und Werte, Entstehung von Staaten und Monotheismus (Beginn vor ca. 5000 Jahren)

ORANGE: Rationale Stufe des Strebens und Forschens, Mobilität, Erkenntnisse zur Volkswirtschaft (Beginn vor ca. 650 Jahren)

GRÜN: Relativistische Stufe der sozialen Verantwortung, verbriefte Menschenrechte, Umweltschutz, Sozialstaat (Beginn vor ca. 150 Jahren)

GELB: Integrative Stufe des Einbeziehens aller Stufen, Komplexität bestimmt die Entwicklung, VUCA, extreme Beschleunigung (Beginn ca. vor 60 Jahren)

Die Zukunft ist dann TÜRKIS, prophezeien COWAN und BECK – die holistische Stufe der globalen Vernetzung, Wertschätzung von Intuition und Suche nach universalen Kausalzusammenhängen, Überwindung des Ego ohne Kollektivismus (erste Anzeichen vor 40 Jahren, sagt KÜSTENMACHER).

KORALLE: Noch unbekannte nächste Stufe (auf die noch weitere folgen können)[13]

Zwei Stufen seien zur Veranschaulichung beschrieben. Zunächst die erste Bewusstseinsstufe *BEIGE*, die der Mensch entwickelte, als die Evolution ihn zum *Homo sapiens* aufsteigen ließ – vor deutlich mehr als 100 000 Jahren. Und wie steht es hier um unser Thema *Ich bin Liebe?* Für ein transzendentes Gefühl wie dieses dürfte im archaischen Überlebenskampf unserer Vorfahren kein Raum gewesen sein. Da ging es um Nahrung, Wärme, Nachkommen, Schutz. Starke emotionale Bindungen im Clan dürften allerdings an der Tagesordnung gewesen sein.

Als zweites Beispiel wähle ich – willkürlich – die vierte Bewusstseinsstufe *BLAU*. Sie setzte mit ihren ersten Erscheinungsformen vor rund 5000 Jahren ein. Es entstanden Ordnungen, Werte und Tugenden, Königreiche und die großen monotheistischen Religionen mit ihren Herrschaftsstrukturen. Diese Herrschaft wird ausgeübt durch drakonische Strafen – und durch das Versprechen auf ein besseres Leben im Jenseits. *Liebe* ist auch hier kein Thema, doch sie beginnt, eine elementare Rolle im Verhältnis Mann und Frau zu spielen. Mit Jesus allerdings kommt ein geradezu revolutionärer Liebesbegriff in die Welt: *Liebe* als das, was Gott ist und als Kraft, die von Gott zum Gläubigen fließt. In ihrer transzendenten Form eines *Ich bin das Licht und die Liebe* als Selbsterfahrung und Selbstdefinition für Jedermann wird sie allerdings erst im 20. Jahrhundert erfahrbar.

Weshalb dieser Exkurs in das faszinierende Spiralmodell?
Vor seinem Hintergrund wird – so hoffe ich – die Dimension des *inneren Ziels* für unsere aktuelle Lebenswelt

klarer begreifbar – und hier wage ich einen Ausflug in die nächsthöhere Stufe, nämlich TÜRKIS: ... *Ego-Konstrukte betrachtet TÜRKIS als Ursache menschlichen Leids und Haupthindernis für weiteres Wachstum in Richtung Verständnis und Liebe ... wenn es TÜRKIS gelingt, das ständig konstruierende Ich loszulassen (etwa durch Meditation), kann es hinter den Vorhang der Konzeptionen (Anm.: unserer linken Seite, der Ratio) gelangen. Hier erfährt TÜRKIS eine neue Freiheit, ein Mit-sich-und-der Welt-im-Fluss-Sein und einfaches Gegenwärtigsein in höchster Wachheit. Es häufen sich Gipfelerlebnisse oder Flow-Erfahrungen, spontane Erfahrungen einer direkten Form des Seins ... Aus dieser holistischen Erfahrung heraus sind Menschen der TÜRKISEN Bewusstseinsstufe sehr präsente Gesprächspartner, die sich empathisch einstellen auf die jeweilige Stufe ihres Gegenübers ...*[14]

Ja, TÜRKIS erscheint uns derzeit als erstrebenswerte Vision wenig präsent – doch was meint KÜSTENMACHER mit der *jeweiligen Stufe ihres Gegenübers?* Befinden sich nach diesem Spiralmodell nicht alle Menschen einer Epoche auf derselben Bewusstseinsstufe? Eben nicht, sagt CLARE GRAVES. Denn jedes Individuum mache im Laufe seiner Entwicklung vom Säugling zum Erwachsenen sämtliche der Bewusstseinsstufen durch, es könne keine übersprungen werden: Beginnend bei *BEIGE* (Hunger stillen, Schutz suchen etc.) über *PURPUR* (Kleinkindphase) über die Trotzphase *(ROT),* die egozentrische Entwicklung erster Ich-Strukturen bis in die Stufen BLAU, ORANGE, GRÜN, GELB in die Neuzeit hinein. Das für mich besonders Spannende an diesem Modell: GRAVES' Studien ergaben, dass sich weder die vielen Nationen, Gesellschaften, Volksgruppen weltweit gleichzeitig auf der jüngsten, modernsten der sieben Bewusstseinsstufen befinden – *noch* die Menschen *innerhalb* einer Gesellschaft. So begegnen wir täglich Menschen der unterschiedlichsten Wertewelten und Handlungsmuster – von *ROT* über *BLAU, ORANGE, GRÜN bis GELB* und extrem selten bis *TÜRKIS.* Viele verharren Zeit ihres Lebens auf einer Bewusstseinsstufe, manche entwickeln sich weiter und weiter zur nächsten. Enorm wichtig ist allen, die dieses Modell verfechten, dass jeder Stufe Respekt gebührt. *Es gibt keine guten oder schlechten Bewusstseinsstufen,* so TIKI KÜSTENMACHER.

Spiral Dynamics ermöglicht uns damit zum einen Selbsterkenntnis, zum anderen eine neue Dimension von Toleranz. Wenn ich erkenne, dass sich ein Mensch auf der Ebene des einseitig rationalen Leistungsdenkens befindet (*ORANGE*), kann ich sein Wertesystem nachvollziehen und ihn in seiner Welterfassung respektieren. *NOCH* spannender finde ich, dass GRAVES in der Geschichte der menschlichen Bewusstseinsentwicklung sowohl in Gesellschaft als auch bezogen auf das Individuum eine deutliche Pendelbewegung ausmacht: Vom *ICH* zum *WIR* und wieder zum *ICH,* dann zurück zum *WIR,* von Stufe zu Stufe in der weiter und weiter ausschlagenden Spirale pendelnd, von *self-supporting* – das Selbst aufbauend zum *self-sacrificing* – das Selbst opfernd. Hin und her. Her und hin. Ich-Stufen werden für Gesellschaften wie für Individuen als genauso wichtig angesehen wie die Wir-Stufen. Ohne Selbsterfahrung kein Hinwenden zum Du, ohne gelungene Wir-Erfahrung kein Wachstum für das Selbst.

*Die Pendelschwünge von Ich und Wir erzeugen eine perma-
nente Korrektur: Der Nachteil der einen Stufe wird durch
den Vorteil der darauffolgenden Stufe ausgeglichen. Durch
diese geheimnisvolle Dynamik entwickeln wir Menschen ein
immer komplexeres Bewusstsein als Individuum und als Ge-
meinschaftswesen.*[15]

Was heißt das für uns?
Das heißt: Wir können nun unsere ureigene Lebenssehnsucht und auch unser inneres Ziel in ganz neuem
Licht betrachten. Vielleicht leuchtet uns ja sogar das
Licht der Erkenntnis. Wenn nun jeder von uns – von
BEIGE aufwärts – sozusagen im Schnelldurchlauf sämtliche Bewusstseinsstufen der Menschheit durchlaufen
haben muss bis zu seiner aktuellen Entwicklungsstufe,
dann wirft das jede Menge Fragezeichen auf.

Erstens: Wo würde ich mich selbst einordnen in dieses
Spiralmodell? Erkenne ich meine anderen, früheren Bewusstseinsstufen in meiner eigenen Geschichte, die ja
unabdingbare Voraussetzung für mein jetziges Wahr-
nehmungs- und Wertesystem sind? Erkenne ich da *auch*
die Pendelbewegung vom *ICH* zum *WIR* und wieder zum
ICH und wieder zum *WIR* etc. – jeweils begleitet von einem immer praller gefüllten Sack an Erfahrungen und
Erkenntnissen, der mich zu einer immer komplexeren
Persönlichkeit reifen ließ?

Wenn Sie genauer einsteigen wollen in die Selbstanalyse
nach dem *Spiral-Dynamics*-Modell, dann lohnt sich die
entsprechende Lektüre. Doch die kurze Skizzierung an
dieser Stelle reicht aus, um zu erforschen: Wo bin *ich* in
dieser Pendelbewegung – und wie sieht das in unserer

Gesellschaft aus? Vor diesem Hintergrund können Sie vielleicht Ihr *inneres Ziel* weiter konkretisieren.

Beginnen wir mit einem nüchternen Blick auf unsere Gesellschaft: Da ist kein klarer Pendelausschlag auszumachen. Da regiert VUCA, also Unbeständigkeit, Unsicherheit, Komplexität und Widersprüchlichkeit – auch wenn wir es nicht wahrhaben wollen und uns besonders die Politik vorgaukeln möchte, die Koordinaten unserer Realität seien so gemütlich steuerbar wie noch im letzten Jahrhundert. Was *unsere* Themen angeht in diesem Zusammenhang: Persönliche Entwicklung zur *Ganzheit*, den *Ich-Reflex* auf diesem Weg zu pulverisieren, aus der *Ganzheit* heraus in die Dimensionen der *Freiheit,* der umfassenden *Liebe,* der *Mitmenschlichkeit* und nachhaltigen *Präsenz* hineinzuleben ... davon finden wir im aktuellen gesellschaftlichen Diskurs so gut wie nichts.

Wir finden zwar durchaus starke *WIR*-Faktoren – einen enorm ausgeweiteten Sozialstaat, eine staatlich und bürgerschaftlich umfassende Flüchtlingshilfe etc. Doch diese *WIR*-Faktoren wurden von Medien, Politik und bestimmten gesellschaftlichen Schichten zu Tabuzonen erklärt. So haben derzeit Impulse von Einzelnen, die politische Weitsichtigkeit einfordern und Grauzonen in vielen Fragen der Flüchtlingshilfe adressieren, die neue Lösungen für ein gelungenes *WIR* auf einer höheren Ebene suchen, kaum eine Chance auf Gehör. Eine Reaktion auf das Erstarren in überholten WIR-Strukturen (im *Spiral-Dynamics*-Modell wäre die Kennzeichnung die Farbe *GRÜN)* liefert die Generation Y, also die zwischen 1980 und 2000 Geborenen. Sie machen immerhin 22% der deutschen Bevölkerung aus und sind in Richtung einer neuen Ebene der *ICH*-Orientierung unterwegs. Als »Egotaktiker« bezeichnet sie der Soziologe KLAUS HURRELMANN – allerdings als Egotaktiker, die sich extrem digital vernetzen, die Selbstverwirklichung *UND* Teamwork suchen, denen Freude an sinnvoller Arbeit wichtiger ist als Status und Prestige, die Improvisation als Grundfertigkeit lernten und beruflichen Erfolg als genauso wichtig wie ein intaktes Familienleben ansehen. Sie entwickeln sich – nach COWAN und BECK – auf die nächsthöhere Bewusstseinsstufe hin – die Widersprüche aushält und kreativ lebt – nämlich GELB.

Komplexität und Widersprüchlichkeit unserer Lebensrealität: Neben dem Gerüst des *WIR* sind da zugleich extreme *ICH*-Faktoren auszumachen: eine völlig neue Dimension des unreflektierten und öffentlichen Ausagierens von Wut und Hass in den Social Media, hysterisierende, respektlose Diffamierung von Persönlichkeiten aus Politik, Wirtschaft, Sport, Showbiz in manchen Spielarten der Medien, politische Debatten, die Sachargumentation und Respekt vermissen lassen – bis hin zum neuen Phänomen des Massen-Gaffens und Blockierens von Rettungsgassen auf den Fernstraßen, um sich am Kitzel des »Sind da Tote und Verletzte?« zu ergötzen.

Ein weiteres Beispiel für *die ICH-Orientierung* in Zeiten des *WIR:* Es kennzeichnet durchaus die Generation Y und reicht weit in den Bereich von *Widersprüchlichkeit, Ambiguity* hinein: Die weltweit erfolgreichste Dating-App ist TINDER. Laut *New York Times* nutzen sie 50 Millionen Menschen mindestens einmal im Monat. Ihr Gründer SEAN RAD behauptet dagegen, jeder der Nutzer sei täglich rund eineinhalb Stunden mit TINDER unterwegs. Auf jeden Fall zählt TINDER zu den ertragreichsten Apps im Apple Store – vor Netflix oder Onlinespielen. Die Zielgruppe: 18- bis 35-Jährige, der Wert der Dating-App wird von Analysten auf bis zu 1,5 Milliarden Dollar geschätzt.

Die Idee ist so simpel wie genial: Sie melden sich an, geben ein Foto von sich ins System – ein möglichst perfektes, schön, erotisch, was auch immer –, dann Ihr Alter und vielleicht noch zwei, drei Informationen über sich selbst – und Sie bekommen jede Menge Angebote aus Ihrer unmittelbaren Umgebung in derselben Machart. Alle Personen, die Ihnen nicht auf Anhieb gefallen, wischen Sie vom Display nach links weg. Wenn Ihnen das Angebot gefällt, wischen Sie nach rechts. Tut das der Ausgewählte auch, ist das ein *Match*, und Sie erhalten dessen Daten, können mit ihm oder ihr in Kontakt treten.

SEAN RADs Kommentar ist aufschlussreich:

Leute bleiben nicht mehr nur in einer Beziehung, um eine Beziehung zu haben. Wenn ich in einer schlechten Beziehung bin, muss ich nicht in ihr bleiben, weil ich sicher sein kann, jemanden anderes zu finden. Leute sind glücklicher deswegen. Sie haben mehr Optionen.[16]

Sich in der *Beziehung* alle Optionen offenhalten. Von *Liebe* ist hier keine Rede. In einer Welt voller Möglichkeiten – beruflich, optisch, sportlich, sexuell, was auch immer – ist auch die *Beziehung* eine Frage der Option? Sich gemeinsam entwickeln, Krisen meistern und daran wachsen gehören nicht dazu? Lieber wisch und weg und wisch und neu. »*Das ist ein guter Ego-Schub*«, bilanziert SEAN RAD. Und das könnte durchaus kennzeichnend sein für ein Bewusstsein der Stufe *GELB*, das das *GRÜN* des starren *WIR* auf digitale Weise locker in die Ecke stellt.

Sie fragen: Wo ist die *Widersprüchlichkeit,* bitteschön, für die TINDER als Beispiel dienen soll? Schätzungsweise 30% der Nutzer sind verheiratet, und laut der sogenannten *Vermächtnisstudie* des Wissenschaftszentrums in Kooperation mit der *ZEIT* träumen 90% der Befragten aller Altersgruppen von der lebenslangen Liebe.[17] Wir wollen alles: die tägliche Chance auf totalen Neubeginn *und* die große Liebe? Wer weiß also heute, ob der Ehepartner nicht längst auf TINDER nach einer Alternative sucht – oder nach schnellem Sex oder was auch immer? Obwohl doch auch er von der lebenslangen Liebe träumt? Das scheint wahrhaft paradox.

Wie wollen wir uns also orientieren, wenn wir nüchtern betrachten, was um uns herum geschieht – und wenn wir dabei sind, ein *neues Bewusstsein* der *Ganzheit* zu entwickeln? Damit schält sich konkreter heraus, was ein *neues Bewusstsein* bedeuten könnte, sagen wir: Ein Bewusstsein auf der Stufe *GELB bis TÜRKIS:*

Da die Leuchttürme im Außen, in Gesellschaft und Kultur, abhandengekommen sind in unüberschaubarem VUCA-Dschungel, bleibt uns nichts anderes als das, was ich im Untertitel zu diesem Buch versprochen habe:

Selbstbestimmt und frei durch innere Führung.

Es geht also nach wie vor darum, das *eigene innere Ziel* zu bestimmen und sein Leben, seine Wahrnehmung, seine persönliche Entwicklung an diesem Ziel zu orientieren, wohlgemerkt in dem wachen Bewusstsein, dass unser Umfeld gekennzeichnet ist durch Widersprüche, Unsicherheit, Mehrdeutigkeit und Komplexität. Umso stärker wird uns die Kraft der Orientierung erscheinen, die in uns selbst erwächst, aus dem Dialog der beiden Seiten. Wenn wir uns regelmäßig in diesem Dialog üben, wenn wir Offenheit gegenüber der intuitiven Seite leben, dann werden uns wesentliche *Leuchtfeuer* wie umfassende Liebesfähigkeit, Mitgefühl und Präsenz in die Lage versetzen, mit der Unsicherheit in unserem Umfeld umzugehen.

Die *Positive Psychologie* kann uns dazu weitere wertvolle Anregungen geben. In den 50er-Jahren vom US-amerikanischen Psychologen ABRAHAM MASLOW begründet und in den 90er-Jahren von seinem Kollegen MARTIN SELIGMAN weitergeführt, forschen die Vertreter der *Positiven Psychologie* heute an mehreren Universitäten zu den *24 Charakterstärken,* die das menschliche Potenzial ausmachen. Die Hypothese: Wer seine Charakterstärken und auch seine Schwächen kennt und wer sich zugleich in Richtung höherer Lebenszufriedenheit entwickeln will, wird die Chance nutzen, einzelne Charakterstärken zu trainieren.

Dass Charakterstärken überhaupt trainierbar sein könnten, das gehört noch nicht lange zum Kanon der Erkenntnis von Psychologie und Neurologie. Oben habe ich bereits drei von ihnen genannt: »*Liebesfähigkeit, Mitgefühl, Präsenz*« als Potenziale eines Menschen, der dabei ist, ein *neues Bewusstsein* zu entwickeln. Ihnen gemein dürfte sein, dass sie aus der *individuellen Freiheit der Selbstführung* heraus zum *DU* weisen, zum *WIR*.

VIKTOR E. FRANKL bemerkt hier lapidar:

Sinn kann nur außerhalb des eigenen Ichs gefunden werden.

... und für uns Zeitgenossen der Komplexität, Unsicherheit und Mehrdeutigkeit gilt das besonders dann, wenn wir aus dem Bewusstsein der Selbstbestimmtheit handeln, die mit der Entwicklung der Ganzheit wächst, also wenn ich über ein *Bewusstsein für mein Bewusstsein* verfüge.

Erst dann wird der Satz von VIKTOR E. FRANKL zentral für mein *inneres Ziel*. Die Freude am Leben, die Dankbarkeit für dieses großartige Geschenk, die Fähigkeit, die Kraft der Gegenwart zu nutzen – und eine Verbundenheit mit dem Sein für eine Sinnfindung im *WIR* oder treffender im *DU*.

Was machen wir also mit dem, was wir an Fülle erleben? Wir verschenken es. Und das Verschenken erfüllt uns mit Zufriedenheit und Glück. Auch dazu gibt es natürlich Studien! Studien erfreuen unsere Ratio, und auch das braucht es für einen gelungenen Dialog der *linken* und der *rechten Seite* ...

Das Psychologen-Team von CASSIE MOGILNER der Universität Pennsylvania berichtet in *Psychological Science* von einem Experiment zur Wahrnehmung von Zeitdruck. Die Versuchspersonen – die sämtlich unter Zeitdruck litten – wurden aufgefordert, sich an einem Samstag zehn Minuten für sich selbst Zeit zu nehmen und etwas Schönes zu machen. Später wurden sie gebeten, sich 30 Minuten zu nehmen, um einen anderen Menschen zu unterstützen, ihm in irgendeiner Form zu helfen. Das Ergebnis zeigte deutlich: Obwohl die Zeitinvestition für den anderen dreimal so hoch war wie für das Sich-selbst-Verwöhnen, fühlten sich die Probanden nach der halben Stunde Helfen *weniger* unter Zeitdruck als nach dem Verwöhnprogramm. MOGILNER erklärt das mit der Erfülltheit durch sinnvolles Tun. Im Hinwenden zum anderen und im Helfen erfahren wir eine starke Verbindung mit dem Sein.

Je stärker man die Ansicht hat, mit seiner Zeit etwas angefangen zu haben, desto geringer fällt das Gefühl aus, keine Zeit zu haben.

... so das Team um MOGILNER, das die Studie durchführte.

Eine sinnvolle Tätigkeit ist damit also eine Tätigkeit *für andere, die leiden, für den Schutz der Umwelt, der Tiere –* das bedeutet *Ehrenamt als Haltung zum Leben.* Für Mütter und Väter ist es die Liebe, Stabilität und Unterstützung, die sie ihren Kindern geben. Oft geht allerdings im Alltag trotzdem das Wahrnehmen von Erfülltheit verloren. Das *Sinnvolle im Helfen und Unterstützen* bewusst als dauerhaften Kraftquell zu erschließen – wäre ein wertvolles inneres Ziel.

Und wer möchte, kann von hier aus noch viel weitergehen. Dazu brauchen wir nochmals den Hinweis der *Positiven Psychologie,* dass jede der Charakterstärken trainierbei sei. MATTHIEU RICARD motiviert uns dazu – als einer, der den Dialog der beiden Seiten, die *Ganzheit* sehr bewusst zu leben vermag: Er promovierte am Pariser Institute Pasteur bei einem Nobelpreisträger in Molekularbiologie, hat sich zugleich vor 50 Jahren dem tibetischen Buddhismus zugewandt, wurde persönlicher Assistent eines *Rinpoche,* also eines tibetischen Meisters, ist der Übersetzer der Schriften des DALAI LAMA – lebt heute im Kloster Shechen in Nepal *und* arbeitet an den Universitäten von Princeton und Berkeley gemeinsam mit Hirnforschern über die Wirkung von Meditation und Geistestraining auf Körper und Geist. Er spricht anstelle von *Charakterstärken* von den *Eigenschaften »innere Freiheit, emotionale Ausgeglichenheit, altruistische Liebe, Mitgefühl«* und macht deutlich: Die lassen sich trainieren!

Ja, jede der von mir erwähnten Eigenschaften kann man üben. Das finden Menschen rätselhaft. Um etwa Wohlwollen und Mitgefühl zu trainieren, müssen Sie sich anfangs jemanden vorstellen, der Ihnen sehr am Herzen liegt und dem Sie nur das Allerbeste wünschen. Das kann zum Beispiel ein Kind sein. Später versuchen Sie dann, das Wohlwollen, das der Gedanke an das Kind bei Ihnen weckt, auch unabhängig davon zu erzeugen. Mit der Zeit wird Ihnen das Gefühl zunehmend vertraut. Dazu müssen Sie allerdings regelmäßig üben. Eine Woche reicht hierfür nicht aus.[18]

Das tut richtig gut, oder? Sie haben erfahren, welchen Wert es darstellt, die *andere Seite* in sich bewusst zu erfahren, in den Dialog zwischen *rechts* und *links* zu treten und sich damit auf den Weg der persönlichen Entwicklung zur *Ganzheit* zu begeben, den *Ich-Reflex* zu pulverisieren – und aus der *Ganzheit* heraus in die Dimensionen der *Freiheit,* der umfassenden *Liebe,* der *Mitmenschlichkeit* und nachhaltigen *Präsenz* hineinzuleben ...

Und nun geht es abschließend in diesem Buch darum, das *innere Ziel* für sich konkret mit Inhalt zu füllen, mit dem *Sinn,* den Sie Ihrem Leben geben wollen – und die *Charakterstärken,* die *Eigenschaften* bewusst zu trainieren, die Sie dorthin führen: zur Sinnerfüllung, zur Erfüllung Ihrer Lebenssehnsucht – und damit in die Ganzheit, in die Präsenz – in die Verbindung zum Sein.

Wie war das noch mal? Sie wissen schon: Worte können nur Wegweiser sein . ...

12

DAS GLÜCK DER BEFREIUNG

··

Sei du selbst die Veränderung,
die du in der Welt sehen willst.
(MAHATMA GANDHI)

··

Das Leben gehört dem Lebendigen an, und wer lebt, muss auf Wechsel gefasst sein. In welchem enormen Tempo uns der *Wechsel* heute, im 21. Jahrhundert, herausfordert, konnte GOETHE natürlich nicht ansatzweise ahnen. Zu seiner Zeit reiste man mit Postkutschen, war das einzige Kommunikationsmittel der handgeschriebene Brief – und die Fülle des Wissens der Welt war wenigen Auserwählten zugänglich und wuchs gemächlich. Heute kommunizieren wir weltweit in Echtzeit, verfügen im Web nicht nur über eine unendliche Informationsfülle, sondern auch über Kontaktmöglichkeiten bis in den letzten Winkel der Erde – und das Wissen der Welt verdoppelt sich alle zwei Jahre. Der *Wechsel* ist überall – und er ändert auch uns. Da macht es doch sehr viel Sinn, den äußeren und inneren Wandel *erstens* als spannend zu bejahen und *zweitens* selbst zu steuern. Das klingt besonders am Ende der Lektüre dieses Buches weder aufregend noch neu – doch stellen Sie sich bitte *jetzt* die folgende Frage – und halten Sie inne, um zu einer ehrlichen Antwort zu finden: Wie ist Ihre Selbstdefinition zum Thema Selbstentwicklung?

In etwa so: *Ich habe mich im Laufe der Jahre zu dem Menschen entwickelt, der ich heute bin. Und mit diesem Menschen bin ich mehr oder weniger zufrieden.*

Oder in etwa so: *Ich habe irgendwann verstanden, dass ein gelungenes Leben permanentes inneres Wachstum bedeutet. Ein wesentliches Ziel ist es also, mich bis an mein Lebensende selbst zu entwickeln.*

Fühlen Sie in sich hinein und seien Sie gnadenlos ehrlich: Meinen Sie – vielleicht nur halb- oder unbewusst –, dass für Sie die Zeiten der persönlichen Veränderung vorbei sind? Sie sind jetzt *er-wachsen* – und damit braucht es kaum weiteres Wachstum? Ordnen Sie Ihr inneres Wachstum der Sturm- und Drangzeit der ersten zwei, drei Lebensjahrzehnte zu – und meinen, danach vielleicht noch ein bisschen nachzureifen, aber eigentlich ist man dann *fertig geformt?*

Oder haben Sie ein klares Bewusstsein für den Wert des inneren Wachstums entwickelt, das Ihnen das Grundgefühl vermittelt, permanent unterwegs zu sein, den Wandel im Inneren immer neu zu suchen und den *Wechsel im Außen* als wichtigen Anstoß dafür zu nutzen? Haben Sie die Erfahrung gemacht, dass die Haltung des *Ich entwickele mich mit großer Freude weiter und weiter* zu hoher Lebenszufriedenheit führt? Zum *Glück der Befreiung?*

Was geschehen ist, ist geschehen. Das Wasser
Das du in den Wein gossest, kannst du
Nicht mehr herausschütten, aber
Alles wandelt sich. Neu beginnen
Kannst du mit dem letzten Atemzug.

BERTOLT BRECHTs *Neu beginnen kannst du mit dem letzten Atemzug* – das atmet die Freiheit der Selbstbestimmung. Damit sind wir bei dem letzten großen Thema dieses Buches angelangt. Wie erfülle ich mir meine *Lebenssehnsucht?* Welche Erkenntniswege, welches Selbsttraining kann mich führen? Wie formuliere ich als Orientierung mein ureigenes *inneres Ziel?*

Als Anregung hier ein kleiner Ausschnitt aus meiner eigenen Zielbestimmung:

Ich möchte mich Zeit meines Lebens selbst entwickeln, innerlich wachsen – um in ein neues Bewusstsein hinein zu leben. Mich trägt auf diesem Weg das Glück der Befreiung.

Und Sie fragen vielleicht erneut: Was ist denn unter einem *neuen Bewusstsein* konkret zu verstehen? Und was ist mit *Befreiung* gemeint? Befreiung wovon? Dazu gleich mehr. Zunächst zu dem, was wir da gerade tun: Wir verfassen in diesem letzten Buchkapitel einen *Letter of Intent* – oder auch *LoI* abgekürzt – mit uns selbst. Mir ist keine passende deutsche Vokabel eingefallen, die diese *ernsthafte Willenserklärung zweier Partner, einen Vertrag miteinander abzuschließen,* treffender fassen würde. Wenn Sie sich darauf einlassen wollen, geht es nun um etwas elementar Wichtiges, nämlich um einen Vertrag mit sich selbst zur Weichenstellung in Ihrem Leben!

Damit entwickeln Sie nun abschließend einen *LoI,* den Sie als Leitfaden für die Erfüllung Ihrer *Lebenssehnsucht,* Ihres *inneren Ziels* immer bei sich tragen können, um ihn achtsam zu nutzen, um sich mit Freude und Geduld nach und nach umzuprogrammieren in Richtung *Ganz-*

heit und Leben im *Sinn*. Dazu benötigen Sie – wie Sie längst wissen – Ihre Ratio *und* Ihre Intuition. Die Ratio bedienen wir mit dem *LoI*, die Intuition mit kleinen Übungen, *nudges*, die sich der Ratio entziehen.

Notieren Sie sich also einfach auf einem Blatt mit der Überschrift *Letter of Intent* als erstes die Haltung, die Sie zu Wandel, Wechsel, persönlicher Entwicklung einnehmen möchten. Möchten Sie inneres Wachstum als Lebensmaxime definieren? Möchten Sie äußere Veränderungen Ihrer Lebenswelt als Anstoß nutzen und nicht als Hindernis erleben? Dann formulieren Sie in ein, zwei Sätzen eine *ernsthafte Willenserklärung* in diesem ureigenen Sinne. Tun Sie das *Jetzt*. Meine obige Formulierung mag Ihnen als Anregung dienen:

Ich möchte mich Zeit meines Lebens selbst entwickeln, innerlich wachsen – um in ein neues Bewusstsein hinein zu leben. Mich trägt auf diesem Weg das Glück der Befreiung.

Ja, Befreiung wovon? Zunächst trägt mich die Überzeugung, dass Selbstführung der einzige Weg zu innerem Wachstum ist. Unabhängig sein von der Spiegelung durch andere und vor allem die volle Verantwortung für die eigene persönliche Entwicklung übernehmen. Da lässt sich nichts delegieren – weder der Lebenspartner, noch der enge Freund oder der Psychotherapeut können je die innere Motivation liefern, die Sie für lebenslangen Wandel brauchen. Der österreichische TV-Moderator und Ratgeberautor JOSEF KIRSCHNER hat dazu eine einfache Erkenntnis notiert:

Es ist besser, Lösungen bei sich selbst aufzuspüren, statt unaufhörlich andere danach zu fragen.

Doch so schlicht, wie dieser Satz zunächst erscheint, ist er allerdings durchaus nicht: Denn er enthält einen wichtigen Hinweis auf den Prozess der Selbstentwicklung: In dem Moment, in dem Sie sich ernsthaft aufmachen, in den Dialog von *links* und *rechts* zu treten und Ihr *inneres Ziel* integriert haben, werden Sie *Lösungen bei sich selbst aufspüren*, sie werden Ihnen zufallen, scheinbar aus dem Nichts – aus Ihrer Intuition nämlich, die Ihren inneren Wandel möglich macht. Was natürlich nicht ausschließt, Anregungen von außen zu suchen, in der Begegnung mit Menschen, die ähnlich unterwegs sind wie Sie, indem sie Bücher zum Thema lesen, Vorträge besuchen, Online-Coachings nutzen oder auch Seminare von Coaches, die Ihnen zusagen. Hier hat der Philosoph FRIEDRICH NIETZSCHE einen weiteren hübschen Rat für Sie:

Der eine geht zum Nächsten, weil er sich sucht, und der andere, weil er sich verlieren möchte.

Es kommt also einmal mehr auf die innere Haltung an, die Ihre Orientierung steuert: *Sei du der Leuchtturm deines Lebens* und erlebe das als *Glück der Befreiung*, der mentalen Unabhängigkeit.

Wir haben damit den ersten LoI-Punkt formuliert. Wir bejahen Veränderung – wir bejahen lebenslange innere Veränderung. Und wir vereinbaren mit uns selbst, dass diese Veränderung ausschließlich in eigener Verantwortung und in Selbstführung gelingen kann. Wie gesagt, diese Formulierung ist für unsere *linke Seite* gedacht, für den analytischen Verstand. Die *rechte Seite* müssen wir natürlich auch erreichen, die der Intuition und der Verbindung mit dem Sein!

Hier ist mein Vorschlag dazu: Stellen Sie Fotos von sich selbst aus Ihrer gesamten Entwicklung zusammen. Beginnen Sie mit einem Babyfoto, dann ein Foto als Kleinkind, als Grundschulkind etc. jeweils im Abstand von drei bis fünf Jahren. Breiten Sie die Aufnahmen vor sich aus und lassen Sie die Selbstveränderung, die sie dokumentieren, auf sich wirken. Vielleicht suchen Sie auch die Selbstbildnisse aus Ihrer Erinnerung sozusagen virtuell und blättern sie vor Ihrem inneren Auge auf. Lassen Sie ein Staunen zu, wie sehr Sie sich verändert und entwickelt haben! Werten Sie nicht! Schauen Sie einfach, nehmen Sie wahr. Versuchen Sie, aus den Bildern Ihres Äußeren Ihre innere Entwicklung zu entnehmen. Ist da mehr Toleranz gewachsen, Wertschätzung für das Geschenk des Lebens, ein Wachstum an Liebesfähigkeit – oder ist da vielleicht etwas verloren gegangen? Schauen Sie wertfrei auf sich selbst – und machen Sie sich die Veränderung mental zum Freund.

Jetzt betrachten Sie das jüngste Foto von sich selbst besonders aufmerksam. Sagen Sie laut vor sich hin: *Ich liebe inneres Wachstum. Ich werde mich von nun an noch bewusster selbst entwickeln.* Und nun versuchen Sie etwas, das Ihnen vielleicht etwas merkwürdig erscheinen mag, doch tun Sie es einfach! Schauen Sie das aktuellste Foto an, schließen Sie die Augen und stellen Sie sich vor, wie Ihr Ausdruck, Ihre Ausstrahlung, wie auch immer Sie es bezeichnen wollen – wie da etwas zu leuchten beginnt! Da strahlt eine Kraft aus Ihnen, vielleicht möchten Sie sie *Liebe* nennen, vielleicht auch *Lebensfreude* – das Etikett ist völlig egal. Sie spüren die Kraft, Sie spüren das Leuchten – und Sie sehen es sich auch an. Könnte das Ihr inneres Ziel sein – für die *rechte Seite*?

Damit haben Sie für Ihre *rechte Seite* die innere Entwicklung bis zum heutigen Tag visualisiert – und darüber hinaus ein Ziel Ihrer weiteren, selbstgesteuerten Veränderung visioniert. Ein Leuchten, das Sie sich selbst ermöglichen – als Strahlen Ihrer Augen, als leichtes Lächeln, wie auch immer sich das zeigen mag. Prägen Sie sich dieses Bild von sich selbst ein, machen Sie es sich zu eigen, immer griffbereit sozusagen, immer abrufbar vor Ihrem inneren Auge ... als Ziel Ihrer Selbstentwicklung. Dokumentieren Sie auch diese Botschaft für Ihre *rechte Seite*, wie auch immer Sie das tun wollen. Als *Stimm*-Botschaft an sich selbst, in Ihr Smartphone gesprochen, als Vision, die immer wieder abrufbar ist, wenn Sie dieses Foto von sich selbst anschauen. Oder Sie lassen das Bild Ihres Leuchtens aufsteigen, wenn Sie in eine Kerze blicken etc. Ihrer Kreativität sind keine Grenzen gesetzt. Probieren Sie es! Um es nüchtern zu erklären: Sie programmieren mit solcher Selbstaffirmation Ihre neuronalen Muster im Gehirn um.

Fahren wir fort: Willenserklärung Nummer zwei für unseren *LoI*. Wie möchten wir uns nun ganz praktisch darin üben, uns zum *Leuchtturm unseres Lebens* zu entwickeln? Wir fassen also – jeder in seinen eigenen Worten – als Leitgedanken das zusammen, was in den zurückliegenden Kapiteln bereits Thema war. Hier wieder – lediglich als Anregung – meine Formulierung:

Ich trainiere mich darin, den unablässigen Gedankenstrom zu bändigen, der mich heimlich dominiert und Nährboden für meinen Ich-Reflex bildet. Ich lasse nicht zu, dass er meine Wahrnehmung des Wesentlichen trübt. Ich halte ihn in Schach durch eine Haltung der Achtsamkeit. Damit öffne

*ich den Raum, um in den Dialog zu treten mit der anderen
Seite in mir – mit der Seite der Intuition und der Verbindung
zum Sein. Damit ermögliche ich mir die Erfahrung der Ganzheit und der Kraft der Gegenwart. Der Ich-Reflex hat keinen
Nährboden mehr.*

Blättern Sie doch durch die ersten Kapitel dieses Buches
und finden Ihre eigenen Worte für diesen zweiten Punkt
Ihres *Letters of Intent*! Wohlgemerkt, der Adressat ist Ihr
Verstand. Sich ihm *verständ*lich zu machen, sind wir ja
geübt. Schreiben Sie jetzt!

Sie werden erstaunt sein, wie hilfreich Ihr *LoI* sein wird für
die eigene nachhaltige Umprogrammierung. Die Gedankenmoskitos lauern ständig darauf, Ihre Wahrnehmung
erneut zu besetzen, in Ihrem Umfeld werden Sie vielleicht
nicht wirklich Unterstützung finden, also – schaffen Sie
sich Ihr Trainings-Handbuch nur für sich selbst!

Wie nennen wir nun den zweiten Punkt? Mein Vorschlag:
*Mein Training für ein neues Bewusstsein. Rechts und links
wahrnehmen und in den Dialog führen.* Das gilt natürlich
wieder Ihrem wachen Verstand. Sehr gut. Jetzt kommt
die *andere Seite* dran. Wie gehen wir das an? Natürlich
ohne Worte – aber durch Worte vermittelt. Abgesehen
von den vielen wunderbaren Formen der schon beispiel-
haft beschriebenen Meditation –, bin ich ja erklärter Fan
von *nudges*. Solche Miniaturübungen lassen sich mühelos in den Alltag einbauen und sind großartige Helfer,
sich vom Wesentlichen nicht allzu sehr zu entfernen.

Da ist zum einen das Gebet. Sie erinnern sich an meines, das mich im Auto auf dem Weg durch den Wald

mit dem *Frieden Gottes,* ja sogar mit der *Ewigkeit* verbindet? Beide Vokabeln deuten auf etwas hin, was jeder von uns als tiefe – vielleicht auch kollektive – Erfahrung in sich trägt, aber selten oder nie bewusst erreicht. Ihr eigenes, selbst geschaffenes Gebet öffnet den Raum für den Dialog *beider Seiten* in Ihnen – und führt damit in die *Ganzheit.* Notieren Sie an dieser Stelle in ihren *LoI* Ihr eigenes Gebet!

Ein anderer Schubser, *nudge:* Sich aus dem Gedankenkarussell befreien und in den Driver Seat Ihrer inneren Gestimmtheit zurückkehren. Dazu eignet sich auch die folgende kleine Übung. Sie haben einen Moment frei für innere Aufmerksamkeit, weil Sie auf etwas warten oder eine Routinetätigkeit ausüben? Sei es das Warten an einer Ampel bei Rot, sei es beim Haareföhnen .... Entscheiden Sie sich, aus dem Gedankengewimmel auszusteigen! Lenken Sie zunächst Ihre volle Aufmerksamkeit auf das, was Sie gerade tun (im Auto sitzen, Haare föhnen). Nehmen Sie Ihren Körper, Ihren Atem wahr – und Ihre Umgebung (bewusst und ohne Wertung wahrnehmen: Was für ein Mensch sitzt im Nachbarauto? Ein aufmerksamer Föhnblick in den Spiegel ...). Nun atmen Sie tief ein – und beim Ausatmen denken Sie zwei Worte:

ICH BIN.

Fühlen Sie dem nach. *SIE SIND.* Ganz da, im Jetzt, keine Gedanken, kein Wollen-Sollen-Müssen. Sie fühlen seidenweich das Leben, das in Ihnen pulsiert. Sie fühlen die glitzernde Dankbarkeit für das große Geschenk Ihrer Existenz. Ja, Sie fühlen Ihre Endlichkeit. Sie fühlen die Kraft der Gegenwart. Sie atmen wieder ein, die Ampel steht hoffentlich noch nicht allzu lange auf Grün, und Sie haben Ihre innere Welt erfolgreich *resettet*, zurückgesetzt auf das Wesentliche. Sie haben damit das Tor geöffnet zur *Ganzheit*, und diese Erfahrung führt zu Frieden, zu Zu*frieden*heit.

Nebenbei wird uns bewusst, was der amerikanische Schriftsteller WILLIAM SAROYAN wie folgt beschreibt:

Das größte Glück, das dir zuteilwerden kann, ist das Bewusstsein, dass du nicht unbedingt Glück brauchst.

Will heißen: Glück ist nur sehr selten Feuerwerk. Glück ist innerer Frieden – im Bewusstsein des Seins. Also – schreiben Sie, malen Sie, legen Sie irgendwie für sich selbst nieder, welche kleinen Schubser Sie Tag für Tag nutzen wollen, um sich mit dem Wesentlichen zu verbinden – mit der anderen Seite in Ihnen!

Vereinbarung Nummer drei: Was ist die nächste wichtige Willenserklärung für Ihren *LoI?*
Für mich gehört an diese Stelle der *Ausdruck* des Lebens in seiner *Ganzheit* und in der Überwindung des *Ich-Reflexes:* die umfassende *Liebe.* Hierzu meine Formulierung:

Die Vereinbarung mit mir selbst enthält das starke Bekenntnis dazu, meine Liebesfähigkeit weiter und tiefer zu entwickeln. Gemeint ist eine Liebe, die Trost spendet, die ermutigt, die nachsichtig ist, vergebend – und die das Leben feiert.

Ganz klar – das ist der urchristliche Liebesbegriff. Um Liebe in diesem umfassenden Sinne als wesentlichen Teil der Persönlichkeit entwickeln und dauerhaft integrieren zu können, braucht es die Erkenntnis, dass ich als Voraussetzung die Halbheit, die einseitige Verstandesprägung überwinde und mein inneres Ziel im Fokus habe. Sie erinnern sich an die kleine Übung:

Ich bin Liebe

Im Bewusstsein der Ganzheit – und meines inneren Ziels der Selbstentwicklung hat diese Haltung nichts mit einem naiven *Ich habe euch alle lieb* zu tun. Eine solche Haltung lässt Auseinandersetzung und Differenzen zu. Sie will nicht bewirken, dass *mich* alle liebhaben. Ihr Quell ist die Kraft der Bewusstheit. Umgekehrt führt Liebe zur Fähigkeit des ganzheitlichen Fühlens. So etwas nennt man bekanntlich Dialektik. Auch das wäre ein großartiges Thema für ein ganzes Buch. An dieser Stelle möchte ich Sie einfach bitten aufzuschreiben, welche Vereinbarung Sie mit sich selbst zum Thema Liebesfähigkeit treffen wollen. Sie wissen schon, das ist für *links* ...

Für *rechts* als Anregung Folgendes, und das erwähnte ich schon: *gold nuggets* suchen. Will heißen: Sie installieren ein internes Radarsystem für besondere Blühmomente des Lebens – die wir im moskitoverschwirrten Alltagsmodus regelmäßig übersehen. Das heißt: Egal, was Sie tun, denken, fühlen – Sie haben sozusagen über all dem schwebend eine unabhängige Instanz aktiviert, die Ihnen sofort meldet, wenn Ihnen wieder mal ein *gold nugget* vor die Füße kullert. Diese Goldklümpchen des Seins finden sich täglich und überall, und je sensibler wir werden für sie, desto intensiver ist das Erlebnis. Mein jüngstes *gold nugget*, vor einer halben Stunde: Mein Hund Lupo lag gelangweilt in seinem Körbchen in der Küche und schmachtete mich mit großen bernsteinfarbenen Kulleraugen an, als ich vorbeiging. Ich wollte zurück zu meinem PC, hielt aber spontan inne, setzte mich zu ihm und kraulte sein Lieblingsprogramm: Kopfmassage, dann an der Wirbelsäule sanft nach unten massieren, die Krönung ist hingebungsvolles Bauchkraulen – und dann noch mal kurze Kopfmassage. Lupo war so hingerissen von meiner Spontaneinlage, dass er vor Hingabe erst dauerschmatzte, dann katzenartig schnurrte und am Ende tiefenentspannt schnaufte. Hundeliebhaber verstehen mich – alle anderen bitte ich einfach um Toleranz: Das war ein Blühmoment des Tages! Ich habe bewusst sämtliche Denkmoskitos verbannt in diesen Schmuseminuten ... um das Leben zu feiern! Wenn Ihnen das jetzt etwas merkwürdig erscheinen sollte, dann probieren Sie bitte etwas anderes aus. Doch kurz noch mal zurück zu meinem glücksgrunzenden Lupo: Meine Verbindung zu ihm, zur Hingabe ans Leben, lässt mich eine Fülle spüren, die mich schlicht und einfach glücklich macht. Und das besonders Wertvolle an solchen Situationen: Aus der Fülle sprudelt ... Liebe! Zu meinem Hund, jawohl – doch weit mehr: Es sprudelt so viel Liebe in mir, dass ich sie sorgsam hüte. Denn ich trainiere mich ja darin, ihren Quell dauerhaft aktiv zu halten. Aus der Fülle des Lebens Liebe schöpfen – im Bewusstsein dieses Leuchtens leben und Liebe absichtslos verschenken. Und wenn jemand sie nicht haben will, nehme ich sie einfach wieder mit.

Zur Erläuterung, damit Sie mich nicht als völlig durchgeknallt etikettieren: Natürlich falle ich nicht jedem Mensch, Tier oder Pflanze um Hals oder Stängel. Sondern ich lebe im Gefühl der Dankbarkeit für die Fülle, aus der die umfassende Liebe entsteht. Mein Gegenüber wird das mit großer Wahrscheinlichkeit nicht realisieren – aber vielleicht ein kleines Leuchten bemerken. Sei du der Leuchtturm deines Lebens. Du stehst da und leuchtest. Absichtslos. Du suchst nicht nach Booten, die dich brauchen könnten. Genau das gibt Orientierung.

Zurück zu den Blühmomenten. Da gibt es unendlich viele, auch an Tagen mit Dauerregen und Zahnarztbesuch. Ich sammle einen Regenwurm vom Bürgersteig, setze ihn in den Rasen im Park und wünsche ihm eine gute Reise – bitte schmunzeln, aber nicht lachen! Das ist ein *gold nugget!* Zumindest für mich. Ich fühle Leben und Liebe. (Ich ahne schon, wie die Überschrift einer Rezension dieses Buches lauten wird: *Nina Ruges Glückstipp Nummer eins: Regenwürmer retten!)* Wie gesagt: Ihre *gold nuggets* sind vielleicht das Lächeln des Pförtners um sieben in der Früh, oder der Lichtstrahl, der unvermittelt aus den Wolken vor Ihre Füße fällt – oder etwas Vergleichbares zu dem, was mir gestern geschah: Der Riesen-Schmetterling, der zielstrebig auf mich zugeflattert kam, sich unmerklich auf meinem Kopf niederließ und wenige Augenblicke später weiterschwebte …

Das Wesentliche als Kraftquelle nutzen lernen – als Vereinbarung mit unserem *Rechts*: Es liegt an mir, ob ich *gold nuggets* aufspüre, um mich bewusst mit dem Sein zu verbinden und mit diesem Kraftquell Liebe zum Sprudeln zu bringen – oder ob ich einfach sage: *Huch! Ein Schmetterling auf meinem Kopf!* … und zur Tagesordnung übergehe.

Also: Malen Sie, singen Sie, sprechen Sie auf Band, wie, mit welchen Mitteln, mit welchen *nudges* Sie den unendlichen Quell an Liebe in sich zum Sprudeln bringen möchten. Es kann das Nutzen von *gold nuggets* sein, aber natürlich auch etwas völlig anderes ...

Ein kleiner Exkurs an dieser Stelle und damit die *vierte* Vereinbarung mit sich selbst. Geboren ist dieser Exkurs aus dem Einwand: »*Das Leben ist kein Zuckerschlecken. Sicher sprudelt er hin und wieder, der Quell der Liebe. Doch viele haben den Zugang zu ihm verloren, weil ihnen so viel Schlimmes widerfuhr.*« Dazu meine Willenserklärung. Hier hilft mir ein Ausspruch von ERICH FROMM

Ohne Anstrengung und ohne Bereitschaft, den Schmerz und die Angst zu durchleben, kann niemand wachsen.

... und ich füge aus meiner Erfahrung hinzu, als Vereinbarung Nummer vier: *Wenn ich Schmerz und Angst durchlebe und daran wachse, dann kann ich Schmerz in Liebe wandeln.*

Schmerz und Angst blockieren den Zugang zur Intuition, zu unserer *anderen Seite*, besonders dann, wenn wir sie verdrängen, wenn wir sie abspalten wollen. Dieses Thema ist natürlich viel zu komplex, um es hier zu vertiefen, doch ich meine, es gehört zumindest in seinem rudimentären Verständnis in unsere Vereinbarung hinein: In Phasen des Schmerzes hilft es mir ungemein, mich an sie zu erinnern. Ich nehme ihn an, den Schmerz – ohne mich ihm auszuliefern. Ich suche zu lernen, eine Botschaft zu entdecken, die er mir senden könnte – was im Fall von Verlust und Tod eine sehr elementare Botschaft ist. Ich werde zurückgeworfen auf die Vergänglichkeit allen Lebens – und auf meine eigene Endlichkeit. Wenn ich diese Wahrheit tief akzeptiere und integriere – was entsteht dann daraus? Eine beglückende Wertschätzung des Lebens – die sich in Liebe wandeln kann. Also: In Phasen der Krise, die oft gepaart ist mit der Abwesenheit von Liebesfähigkeit, unterstützt mich, tröstet mich die Erfahrung, dass durchlebter Schmerz irgendwann einmal in Wachstum mündet und in die Fähigkeit zu lieben.

Dieser Exkurs ist mir wichtig. Schmerz gehört zum Leben – und Schmerzverarbeitung zum Wachstum. Damit braucht es diese Vereinbarung Nummer vier. Wollen Sie sich dazu etwas notieren?

Vereinbarung Nummer fünf: Das innere Ziel – und damit eng verbunden ein Leben im Sinn. Dazu benötigen Sie das, was Sie vielleicht bereits ausgedrückt haben im Laufe der Lektüre: Sie benötigen Ihre Lebenssehnsucht – Ihren Satz dazu, Ihr Symbol. Lesen Sie sich den Satz vor. Betrachten Sie Ihr Symbol. Stimmt das noch? Hat sich etwas verändert? Wenn ja, dann ändern Sie.

Sich der Lebenssehnsucht bewusst zu werden, ist ein wesentlicher Prozess der Selbsterfahrung. Den haben Sie wahrscheinlich bereits durchschritten. Ein inneres Ziel zu erkennen und zu formulieren, ist aktive Selbststeuerung. Darum geht es jetzt. Wie wir gesehen haben, bildet sich das innere Ziel im Dialog unserer beiden Seiten aus, es widersetzt sich rein rationaler Schlussfolgerung. Wir können uns ihm also nur nähern, wenn wir gewissermaßen die Haltung des Zeugen einnehmen, der den Dialog von *links und rechts* protokolliert. Doch vielleicht hat sich da für Sie schon so einiges herausgeschält?

Sich vom Ziel ziehen lassen und nicht selbst das Ziel bestimmen.

Ich wiederhole den wunderbaren Satz von PABLO PICASSO, weil ich Sie fragen möchte: Zieht es Sie denn schon ein wenig, Ihr inneres Ziel? Niemand anderes kann es erkennen – als Sie selbst. Hier ist – aus dem vorletzten Kapitel – *meine* abstrakte Formulierung:

Das Wahrnehmen der Lebenssehnsucht führt mich zur Entdeckung und Integration der intuitiven, ganzheitlichen Seite in mir, die mich in die Lage versetzt – im Dialog mit dem analytischen Verstand – wahrhaft Mensch zu sein, indem ich den ureigenen Sinn meines Lebens erfülle.

Was heißt das nun konkret für die Vereinbarung mit mir selbst in meinem *Letter of Intent?* Das Ziel, das *mich* zieht, hört sich so an:

Ich möchte ein neues Bewusstsein entwickeln – und dieses Bewusstsein ist GELB ... bis TÜRKIS.

Nicht mehr und nicht weniger. Diese Absichtserklärung bedingt letztlich alles, was ich in diesem Buch hergeleitet habe – und sie bedeutet dennoch nichts wirklich Neues. Zumindest wenn man dem bedeutendsten Autor der Aufklärung folgen mag, CHRISTOPH MARTIN WIELAND (1733 – 1813):

Jede höhere Stufe, welche der Mensch betritt, erfordert eine andere Lebensordnung.

Wie sich meine Lebensordnung konkret ändern wird, das kann ich jetzt noch nicht im Detail wissen. Die Konstante darin wird sein – besonders in Zeiten von VUCA – ein Leben im *Sinn*, das nur *außerhalb des eigenen Ichs gefunden werden kann* (VIKTOR E. FRANKL, s.o.).

Um es schlicht zu formulieren: Mein inneres Ziel ist, im Prozess des Wachstums und meiner Bewusstseinsentwicklung ... meinen Anteil dazu zu tun, die Welt besser zu machen. Und das wird nur funktionieren, wenn ich mich täglich sehr analytisch in der nüchternen Bewertung dessen übe, was in unserer Welt passiert – und zugleich meine *Leuchtkraft* stärke, meine Verbindung zum Sein und die Kraft nutze, die mir die Ganzheit verleiht – ein Leuchten in umfassender Liebe.

Mein Symbol für die *andere Seite* in mir: die Lotusblüte:

Lebe wie die Lotusblüte

Erhebe dich – wie die Lotusblüte über schlammiges Wasser und Negativität. Und wie die Wurzeln des Lotus die Blüte aus schlammigem Wasser nähren, nutze die Realität, wie sie sich dir bietet, um zu blühen und dein Potenzial zu entfalten – und in etwas Schöneres hineinzuwachsen.[19]

Meine *Lebensordnung* entspricht heute immerhin in einigen Aspekten meinem inneren Ziel: Seit vielen Jahren ernähre ich mich vegetarisch, gehe sparsam mit Ressourcen um, engagiere mich als Natur- und Tierschützerin, für UNICEF, für Frauen mit Behinderung und vieles mehr – *und* ich trainiere mich selbst in innerem Wachstum – hin zu neuem Bewusstsein. Ich trainiere mich darin, *Leuchtturm meines Lebens* zu sein, dessen Herz Licht, Liebe und Hoffnung ist – und möglichst weit strahlt. Zugleich weiß ich natürlich, dass da noch ein weiter, weiter Weg vor mir liegt, der glücklicherweise niemals ein Ende haben wird.

Jetzt sind Sie dran! Ihre Vereinbarung mit sich selbst, Ihre Willenserklärung zu Ihrem inneren Ziel und zu einem Leben im Sinn? Schreiben Sie auf, was Ihnen *jetzt* für sich als wahr erscheint. Alles Weitere wird kommen, wenn Sie sich *vom Ziel ziehen lassen* und den inneren Dialog Ihrer *beiden Seiten* ermöglichen.

Es könnte ja sein, dass auch Sie sich entschließen, sich *noch* stärker dafür einzusetzen, sich selbst und die Welt ein wenig besser zu machen – dort wo es *Sinn* macht für Sie. Das würde bedeuten – um ganz zum Schluss noch diese Vokabel zu bemühen, die uns in diesem Buch beschäftigt hat und in die Zukunft führt: Wir entwickeln ein neues Bewusstsein der *spirituellen Intelligenz.*

Also entscheiden wir uns nun zum Schluss, die Welt zu verbessern! Und wir meinen das ernst, im ganzheitlichen Sinn .... Weil wir wissen, dass jede wahre Veränderung in uns selbst beginnt. Gut, auch diese Erkenntnis ist nicht neu: Der griechische Philosoph PLUTARCH (46 – 125 n. Chr.) gab uns schon vor knapp 2000 Jahren folgendes mit auf den Weg:

Was wir innerlich erreichen, wird auch die äußere Wirklichkeit verändern.

MAHATMA GANDHI soll das letzte Wort haben – mit dem *Leuchtturm*spruch, der alles überstrahlt:

Sei du selbst die Veränderung, die du in der Welt sehen willst.

ANMERKUNGEN

1 CNN, 11.3.2010; *Berliner Kurier,* 5.6.2010.

2 http://www.berliner-zeitung.de/23325110 ©2017.

3 http://www.berliner-zeitung.de/23325110 ©2017.

4 Kurt Tucholsky: *Kleine Geschichten,* Kap. 6, Projekt Gutenberg, spiegel.de.

5 Julius Kuhl: *Spirituelle Intelligenz: Glaube zwischen Ich und Selbst,* Freiburg 2015, S. 223.

6 Ebd., S. 225, S. 231.

7 Paul Wolff: »Ein Abschiedswort«, *Christliche Philosophie in Deutschland 1920–1945,* Regensburg 1949, S. 74.

8 Manuela Lenzen: »Die Neurowissenschaft der Meditation«, 29.4.2014, www.dasgehirn.info/handeln/meditation/die-neurowissenschaft-der-meditation.

9 Julius Kuhl: *Spirituelle Intelligenz,* S. 78.

10 Anselm Grün: *Jetzt und alle Zeit. Christliche Grundgebete,* Freiburg 2003.

11 ORF, 13.3.1994.

12 Marion Küstenmacher et al.: *Gott 9.0: Wohin unsere Gesellschaft spirituell wachsen wird,* Gütersloh 2010, S. 171f.

13 Ebd., S. 33 ff.

14 Ebd., S. 197.

15 Ebd., S. 41.

16 SZ, 11.5.2015.

17 *ZEITmagazin,* 7.7.2016.

18 Nicola von Lutterotti: »Der Glücksguru von Davos. ›Trainieren Sie Ihr Mitgefühl‹«, *FAZ Wissen,* 20.1.2017.

19 InnerSpace Thought for Today, 18.1.2107.

Auch als Hörbuch erhältlich

3 CDs, 3 Std. 41 Min. Laufzeit
ISBN 978-3-442-33990-7

arkana
AUDIO

Unsere Leseempfehlung

544 Seiten

Alle Kräfte, die der Mensch braucht, um eine Situation zu ändern, kann er aus sich selbst schöpfen. In dem Augenblick, in dem sich jemand für Freiheit, Glück und Liebe entscheidet, ist er frei, wird glücklich werden und wird fähig sein zu lieben. Die Macht der Gedanken und die Kraft des Unterbewusstseins führen zu innerer Harmonie, körperlich-seelischer Gesundheit, Liebe zu den Mitmenschen und Erfolg im Beruf. Erhard F. Freitag berichtet über seine erfolgreiche Therapie und zeigt, zusammen mit Carna Zacharias, wie Sie das Positive Denken im Alltag umsetzen.

www.goldmann-verlag.de
www.facebook.com/goldmannverlag

Unsere Leseempfehlung

INA RUDOLPH

Ich will ja loslassen,

doch woran halte ich
mich dann fest?

Vorwort von
Byron Katie,
»The Work«

GOLDMANN

256 Seiten
Auch als E-Book
und Hörbuch
erhältlich

Für die bekannte Schauspielerin Ina Rudolph begann, als sie auf
„The Work" stieß, ein tiefer innerer Veränderungsprozess. In lebendigen und berührenden Geschichten erzählt sie von ihren Erfahrungen damit: Wie sich ihre Freundschaften, die Beziehung zu
ihrem Lebenspartner und zu ihrer Tochter, ihre berufliche Situation
nach und nach veränderten. Wie sie lernte, durchs Leben zu gehen
ohne zu wissen, was als nächstes geschieht. Ein berührendes Buch,
das Mut macht, einen neuen Blick aufs Leben zu werfen: Es zeigt,
wie sich innere Freiheit anfühlen kann.

www.goldmann-verlag.de
www.facebook.com/goldmannverlag

GOLDMANN
Leser erleben

Unsere Leseempfehlung

512 Seiten

Hochsensible Menschen ticken anders. Ihnen eigen ist eine besondere Art der Reizverarbeitung – laute Geräusche, Trubel oder helles Licht vertragen sie weniger gut als ihre Mitmenschen. Die erfahrene Psychologin Sylvia Harke weiß aus eigener Erfahrung, dass der Alltag mit seiner Vielzahl von Sinneseindrücken und Belastungen ein echter Härtetest für Hochsensible ist. Wie sie es dennoch schaffen können, die großen und kleinen Anforderungen zu meistern, zeigt die Autorin hilfreich und kompetent in ihrem umfassenden Ratgeber – von A wie Abgrenzung bis Z wie zwischenmenschliche Konflikte.

www.goldmann-verlag.de
www.facebook.com/goldmannverlag

GOLDMANN
Lesen erleben

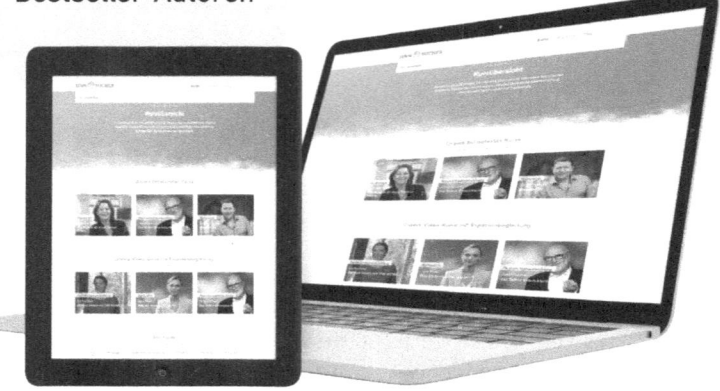